Das große Buch der Sagen und Balladen

Herausgegeben und bearbeitet
von Gerlinde Wiencirz
Mit Bildern von Peter Friedl

arsEdition

Inhaltsverzeichnis

von mächtigen Kaisern und tapferen Rittern

Der Kaiser und der Landstreicher

Nach Brüder Grimm

Kaiser Rudolf I. regierte Anfang des 13. Jahrhunderts. Er war einer der populärsten Herrscher des Mittelalters, er stärkte das Königtum trotz der mächtigen Stellung der Kurfürsten und setzte die Hofrechtsprechung wieder durch.

An einem warmen Sonntag zog Kaiser Rudolf von Habsburg mit großem Hofstaat zur Kirche. Vor der Kirchentür trat ihm ein Bettler in schäbigen, abgerissenen Kleidern in den Weg. Er hielt den Kaiser an seinem prächtigen Gewand fest und sagte: »He, Bruder, nicht so schnell, ich bin auch noch da!«

Sofort sprangen des Kaisers Begleiter herzu. Sie schimpften den Bettler wegen seines ungehörigen Benehmens aus und wollten ihn rasch wegziehen, aber der Kaiser sprach: »Lasst ihn!« Dann wandte er sich zu dem Bettler und fragte in strengem Ton: »Wie kommst du darauf, mich deinen Bruder zu heißen?«

Dieser lachte: »Stammst du nicht auch, wie ich, von Adam und Eva ab?«

Als der Kaiser zustimmend nickte, fuhr der Bettler fort: »Siehst du, so sind wir also Brüder. Und so ist es ein schweres Unrecht, dass du in dieser Pracht daherkommst und jeden Tag Essen und Trinken in Fülle hast, während ich, dein armer Bruder, nur das habe, was barmherzige Leute mir schenken. Das ist eine rechte Schande. Du kannst sie aber dadurch wiedergutmachen, indem du alles, was du hast, mit mir, deinem Bruder, teilst!«

Da lachte der Kaiser und sagte: »Mein Lieber, du hast recht. Ich muss jetzt in die Kirche gehen. Geh du derweil, während ich bete, nach Hause und hol dir einen Sack!« Damit ließ der Kaiser den Bettler stehen und trat mit seinem Gefolge in die Kirche.

Der Bettler aber eilte schnurstracks nach Hause und holte sich den größten und weitesten Sack, den er auftreiben konnte. Und als der Kaiser wieder aus der Kirche trat, stand er da mit seinem Sack und hielt ihn erwartungsvoll weit geöffnet dem Kaiser entgegen.

Der Kaiser warf einen Heller hinein. Ein kleines Kupferstück, mehr nicht! Der Bettler sah fragend zum Kaiser auf: »Mehr nicht?« – da rief dieser: »Schau dich um – das hier sind alles deine Brüder! Und nicht nur hier, sondern auch drüben in der Stadt und draußen in der Welt, Brüder landauf, landab! Wenn nun alle mit mir teilen wollten, käme auf keinen mehr als ein Heller. Wenn dir aber jeder von den Brüdern da draußen nur einen Heller gibt, dann bist du bald so reich wie ich!«

Der Handschuh

Friedrich Schiller

Das Ereignis soll sich tatsächlich am Hofe des französischen Ritterkönigs Franz I. zugetragen haben. Die Ballade, die Schiller 1797 dazu geschrieben hat, will zeigen, wie dumm solche Mutproben sind.

Vor seinem Löwengarten,
Das Kampfspiel zu erwarten,
Saß König Franz,
Und um ihn die Großen der Krone,
Und rings auf hohem Balkone
Die Damen in schönem Kranz.

Und wie er winkt mit dem Finger,
Auf tut sich der weite Zwinger,
Und hinein mit bedächtigem Schritt
Ein Löwe tritt
Und sieht sich stumm
Ringsum,
Mit langem Gähnen
Und schüttelt die Mähnen
Und streckt die Glieder
Und legt sich nieder.

Und der König winkt wieder,
Da öffnet sich behänd
Ein zweites Tor,
Daraus rennt
Mit wildem Sprunge
Ein Tiger hervor.
Wie der den Löwen erschaut,
Brüllt er laut,
Schlägt mit dem Schweif
Einen furchtbaren Reif
Und recket die Zunge,
Und im Kreise scheu
Umgeht er den Leu [1]
Grimmig schnurrend;
Drauf streckt er sich murrend
Zur Seite nieder.

Und der König winkt wieder,
Da speit das doppelt geöffnete Haus
Zwei Leoparden auf einmal aus,
Die stürzen mit mutiger Kampfbegier
Auf das Tigertier;
Das packt sie mit seinen grimmigen Tatzen,
Und der Leu mit Gebrüll
Richtet sich auf, da wird's still,
Und herum im Kreis,
Von Mordsucht heiß,
Lagern die gräulichen Katzen.

Da fällt von des Altans[2] Rand
Ein Handschuh von schöner Hand
Zwischen den Tiger und den Leun
Mitten hinein.

Und zu Ritter Delorges spottenderweis
Wendet sich Fräulein Kunigund:
»Herr Ritter, ist Eure Liebe so heiß,
Wie Ihr mir's schwört zu jeder Stund,
Ei, so hebt mir den Handschuh auf!«

Und der Ritter in schnellem Lauf
Steigt hinab in den furchtbaren
    Zwinger
Mit festem Schritte,
Und aus der Ungeheuer Mitte
Nimmt er den Handschuh mit
    keckem Finger.

Und mit Erstaunen und mit Grauen
Sehen's die Ritter und Edelfrauen,
Und gelassen bringt er den Hand-
    schuh zurück.

Da schallt ihm sein Lob aus jedem
    Munde,
Aber mit zärtlichem Liebesblick –
Er verheißt ihm sein nahes Glück –
Empfängt ihn Fräulein Kunigunde.
Und er wirft ihr den Handschuh
ins Gesicht:
»Den Dank, Dame, begehr ich
    nicht!«,
Und verlässt sie zur selben Stunde.

Wieland der Schmied

Waldtraut Lewin

Dieser Sage liegt wohl ein deutsches Lied zugrunde. Erstmals wurde sie im 13. Jahrhundert aufgeschrieben. Bald breiteten sich einander ähnelnde Versionen in England und den romanischen Ländern aus. In Deutschland ist die Wielandsage Teil der Dietrichsage.

Wielands Herkunft

Der junge Wieland war ein Meister der Schmiedekunst. In jenen Tagen wussten nur sehr wenige Menschen darum, wie man Metall schmelzen und bearbeiten konnte, denn diese Fähigkeiten besaßen von Urzeiten her die Zwerge, die ja auch das Erz aus der Erde holten, und sie waren nur in seltenen Fällen bereit, ihr Wissen an die Sterblichen weiterzugeben. So kamen wirklich gute Waffen, Helme und Panzer meist aus Zwergenhand, und die Stücke waren so selten und so berühmt, dass die Menschen ihnen Namen verliehen, als wären sie lebende Wesen. Von Wieland hieß es, dass er der Sohn eines Riesen namens Wate war, der auf Seeland wohnte, aber von dieser Riesenherkunft war weiter nichts an ihm zu merken. Genau wie sein Bruder Egil war er ein gewöhnlicher Mensch. Und während Egil ein geschickter Bogenschütze wurde, der meisterhaft mit seiner Waffe umging, schickte Wate seinen Sohn Wieland zu Mime, einem weithin bekannten Schmiedemeister, in die Lehre.

Drei Jahre lernte der Junge dort das Handwerk und war bereits ein Meister seines Fachs, als er von zwei Zwergen hörte, die in einem Berg hausten und nicht nur das Eisen bearbeiteten, sondern auch aus Gold, Silber und Kupfer wunderschöne Gegenstände und kostbare Waffen herzustellen wussten. Wieland war begierig, bei ihnen seine Lehre zu vervollkommnen, und sein Vater brachte ihn zum Meeresufer. Als sie dort aber kein Schiff fanden, hatte Wate seinen Sohn kurzerhand auf die Schultern genommen und durchs Wasser getragen.

Die misstrauischen Zwerge waren eigentlich nicht bereit, ihr Geheimwissen weiterzugeben. Erst als Wate ihnen einen Batzen Gold gab und hoch und heilig versicherte, er werde seinen Sohn nicht länger als ein Jahr bei ihnen lassen, willigten sie ein, Wieland in die Lehre zu nehmen. Wate müsse aber den Lehrling auf den Tag genau abholen – sonst würden sie ihn töten.

Weil Wieland so sehr darum bat, bleiben zu dürfen, willigte Wate ein. Aber als sein Sohn ihn vor den Berg der Zwerge hinausgeleitete, zog er sein Schwert und versteckte es in einer Felsspalte. Dann sagte er: »Merke dir diesen Ort! Den Zwergen ist nicht zu trauen. Sollte ich es

aus irgendeinem Grund nicht schaffen, zur rechten Stunde hier zu sein, so setz dich gegen sie zur Wehr, falls sie dir ans Leben wollen.«

Dann trennten sie sich, und Wieland ging zurück in den Berg und lernte mit Fleiß von den Zwergen und war so anstellig, dass er sie bald übertraf. Nun hatten die Zwerge schlaflose Nächte, denn eigentlich wollten sie ja nicht, dass jemand anderes als sie über die Geheimnisse ihrer Kunst Bescheid wusste, und sie hofften darauf, dass Wate den Tag verpassen würde, damit sie sich Wielands entledigen konnten.

Wate war aus Sorge um seinen Sohn schon Tage vor dem festgesetzten Zeitpunkt zur Stelle, er setzte sich vor den Eingang zum Berg, um zu warten, aber von der langen Reise war er ermüdet. So schlief er ein und merkte nicht, dass sich ein furchtbares Gewitter zusammenbraute. Ein Blitz traf die Bergspitze hoch über ihm, und die Wassermassen lösten eine Schlamm- und Gerölllawine aus, die alles unter sich begrub – auch den Riesen Wate.

Als nun die Zwerge mit Wieland am vereinbarten Tag sich aus dem verschütteten Berg arbeiteten, war alles verwüstet und zerstört, und kein Wate war zu sehen. Die Zwerge frohlockten schon, und Wieland war verzweifelt. Ihm war klar, dass seinem Vater

ein Unglück zugestoßen sein musste –
er hätte ihn nie im Stich gelassen.
Plötzlich sah er zwischen Geröll und
Steinen etwas blitzen. Er trat näher. Es
war der Knauf des Schwertes, das
Wate vor Jahresfrist hier versteckt
hatte! Blitzschnell zog er es aus dem
Schutt hervor, und als sich ihm die
Zwerge in mörderischer Absicht nä-
herten, erschlug er sie.

Wieland wusste, dass er fliehen musste, denn durch seine Tat hatte er den
Hass des ganzen weit verbreiteten
Zwergenvolkes auf sich geladen, und
bestimmt würden die Zwerge versuchen, ihn umzubringen.

Schnell raffte er in der Schmiede die
wichtigsten Werkzeuge zusammen
und lud sich an Gold und Edelsteinen auf, was er tragen konnte. Dann
machte er sich auf den Weg zum
Meeresgestade. Aber weit und breit
war kein Schiff zu sehen.

Den Zwergen wollte er auf keinen
Fall in die Hände geraten. So verfiel
er auf die Idee, einen Baumstamm
auszuhöhlen, sein Handwerkszeug,
seine Schätze und Lebensmittel ein-
zuladen und den Stamm zum Wasser
zu tragen. Dann stieg er selbst hinein, verschloss alles so dicht, dass
kein Wassertropfen eindringen konnte, bat Gott um Rettung und ließ sich
von den Wellen davontragen.

So gelangte Wieland nach Jütland
und an König Nidungs Hof.

Amilias

Zu den Aufgaben Wielands bei Nidung gehörte es auch, die Messer am Meer mit Sand zu waschen und zu schleifen, damit sie ihre Schärfe nicht verlören. Eines Tages nun passierte ihm ein Missgeschick. Das beste Tafelmesser rutschte ihm aus der Hand, fiel eine Klippe hinunter und verschwand in einem Felsspalt, sodass man nicht hoffen konnte, es wiederzufinden.

»Bestimmt wird mir der König zürnen«, dachte er. »Vielleicht jagt er mich sogar fort. Was kann ich tun?«

Da fiel ihm ein, dass der König ja einen Schmied in seinen Diensten hatte, den Meister Amilias. Amilias war zwar ein hochmütiger und unfreundlicher Mann, aber Wieland wollte ihn trotzdem bitten, ein neues Messer für ihn zu machen. Als er aber zur Schmiede kam, war der Meister nicht anzutreffen.

Wieland wartete nicht lange, sondern machte sich daran, ein neues Messer zu schmieden, das genauso aussah wie das verlorene. Niemand bemerkte etwas – bis zu dem Tag, als der König bei Tisch das von Wieland geschmiedete Messer in die Hand nahm, um ein Stück Brot zu schneiden. Da fuhr die Schneide nicht nur durch das Brot wie durch weiche Butter, sondern drang auch noch in den Tisch ein – so scharf war diese Klinge.

Verwundert fragte der König: »Wer hat dieses Messer geschmiedet?«

»Es war Amilias«, erwiderte Wieland, »denn Ihr habt ja keinen anderen Schmied an Eurem Hof, Herr.«

Amilias, der zufällig in der Nähe war, stimmte sofort ein: »Natürlich habe ich dieses Messer gemacht!«

Nidung schüttelte ungläubig den Kopf. »Ich glaube dir nicht«, sagte er, »denn noch nie hast du eine so scharfe Klinge zustande gebracht.« Dann wandte er sich an Wieland. »Sag mir die Wahrheit. Hast du dies Messer geschmiedet?«

Nach einigem Zögern räumte Wieland schließlich ein, dass das Messer seine Arbeit war. Amilias war beleidigt. »Das kann nicht sein, dass du hergelaufener Bursche, du Niemand aus dem Baumstamm, besser bist als ich.

Wollen wir wetten, dass ich geschickter und kunstfertiger bin als du?«

»Ich würde die Wette wohl annehmen«, sagte Wieland. »Aber ich habe keine Reichtümer, die ich einsetzen könnte.«

Amilias in seinem Hochmut entgegnete: »So lass uns um unser Leben wetten. Wer gewinnt, soll dem anderen den Kopf abschlagen dürfen.«

Wieland stimmte der grausigen Wette zu. »Bestimme du, was jeder von uns schmieden soll!«, sagte er.

»Nun«, schlug Amilias vor, »ich werde eine Rüstung und einen Helm machen und du ein Schwert. Wenn dein Schwert meine Rüstung durchschlagen kann, hast du gewonnen. Wenn sie aber deiner Waffe widersteht, bin ich der Sieger und kann dich hinrichten.«

»Einverstanden«, erwiderte Wieland. »Wer bürgt uns aber dafür, dass wir, einer dem anderen, unser Wort einhalten?«

Amilias benannte gleich zwei der tapfersten Ritter des Hofes. Für Wieland aber wollte niemand bürgen. Er war ja bloß der Messerwart, und niemand wusste, dass er tatsächlich ein guter Schmied war.

Schließlich bot sich König Nidung selbst an, der Bürge für Wieland zu sein. Er war neugierig auf die Künste des jungen Mannes, dem es gelungen war, ein so scharfes Messer herzustellen, und der mit einem geschickt bearbeiteten Baumstamm an Land gekommen war.

Über ein Jahr sollten die beiden Gegner Zeit haben, an ihren Stücken zu arbeiten.

Die Suche nach dem Dieb

Amilias begab sich sofort in seine Schmiede und begann mit all seinen Gesellen fieberhaft mit der Arbeit. Wieland hingegen diente weiter dem König am Tisch und tat so, als wenn nichts vorgefallen wäre.

Nach einem halben Jahr fragte der König: »Wieland, ich habe für dich gebürgt. Willst du nicht endlich anfangen, dein Schwert zu schmieden?«

»Wie Ihr befehlt, Herr«, sagte Wieland. »Aber ich brauche eine Schmiede.« Nidung gab Befehl, für Wieland eine Schmiede mit Feuerstelle, Blasebalg, Amboss und Kühlbecken zu bauen. Als der Bau fertig war, ging Wieland zum Versteck, um sein Werkzeug zu holen. Aber da war nichts mehr. Ihm wurde klar, dass man ihn bestohlen hatte, und er erinnerte sich daran, dass ihm damals Regin, ein Mann aus Nidungs Gefolge, nachgeschlichen war und ihn beobachtet hatte. Der musste der Dieb sein. Er ging zum König und berichtete ihm von seinem Missgeschick. »Würdest du den Dieb denn wiedererkennen?«, fragte der König.

»Ganz gewiss«, antwortete Wieland. Da berief Nidung einen Gerichtstag ein und ließ alle Edlen seines Reiches zusammenkommen. Wieland betrachtete jeden einzelnen, aber der Dieb war nicht darunter.

König Nidung war sehr zornig. »Deinetwegen habe ich all meine Männer versammelt, und du bist nicht in der Lage, ein Gesicht wiederzuerkennen? Es reut mich, dass ich mich für dich eingesetzt habe.«

Wieland begriff, dass es schlecht um seine Sache stand, wenn er den Dieb nicht fand und außerdem noch beim König in Ungnade fiel. Er überlegte hin und her, und schließlich kam er auf die Lösung.

In seiner Schmiede stellte er eine kunstvolle lebensgroße Figur her, die haargenau die Züge des Diebes trug, und stellte sie in der Ecke der Ganges auf, durch den Nidung schritt, wenn er zu Bett ging. Wieland selbst trug ihm das Licht voran und wusste es so einzurichten, dass der Schein auf die Figur fiel.

Als der König das Standbild sah, blieb er stehen und sagte: »Willkommen,

Regin, bist du schon zurück von deiner Reise?«

»Er kann Euch keine Antwort geben, Herr«, sagte da Wieland. »Ihr seht hier nur ein Standbild, dem ich die Züge des Mannes gegeben habe, der mich bestohlen hat.«

Vor Erstaunen wusste Nidung zunächst nichts zu sagen.

Er sah Wieland mit einem langen Blick an. Was für ein geschickter Künstler!, dachte er. Wahrlich, der soll mir noch von Nutzen sein. Dann lachte er. »Freilich konntest du diesen Mann unter meinen Edlen nicht finden. Ich habe ihn als Gesandten nach Schweden geschickt. Aber wenn er zurückkommt, werde ich ihn zur Verantwortung ziehen.«

Kurze Zeit später war Regin zurück von seiner Mission. Er gab zu, Wielands Werkzeug genommen zu haben, und redete sich auf einen Scherz hinaus.

Von Wielands Schätzen allerdings, dem Gold der Zwerge und den Edelsteinen, fehlte jede Spur. Doch der Schmied hatte seine Geräte zurück. Aber wieder gingen vier Wochen ins Land,

und er diente nach wie vor an der Tafel des Königs. Nidung begann, ihn zu drängen. »Willst du nicht endlich beginnen? Amilias ist nicht nur ge- schickt, sondern auch rachsüchtig und hochmütig. Ich möchte nicht, dass du verlierst.« Und endlich mach- te sich Wieland an die Arbeit.

Der Wettstreit

Sieben Tage brauchte er, um ein Schwert zu schmieden, größer und schwerer als alle anderen Schwerter. Als König Nidung es sah, war er überzeugt, nie eine bessere Waffe gesehen zu haben.

Wieland ging mit dem König an den Fluss, warf eine Flocke abgeschorener Schafswolle ins Wasser und ließ sie mit der Strömung treiben. Dann hielt er das Schwert ins Wasser. Die Wolle trieb darauf zu und wurde von der Klinge durchschnitten.

»Was für ein gutes Schwert!«, rief der König. Aber Wieland entgegnete: »Das Schwert ist gut, aber nicht gut genug.«

Er ging in seine Schmiede, ergriff eine Feile und verwandelte in mühsamer Arbeit das Schwert in einen Haufen Metallspäne.

Sodann ließ er ein paar Gänse drei Tage hungern und gab ihnen dann die Späne, vermischt mit Kleie, zu fressen. Den Kot der Vögel schüttete er in die Schmelze und befreite die Späne von allen Schlacken.

Aus dem, was zurückblieb, schmiedete er das nächste Schwert – kleiner und handlicher als das erste.

Wieder ging er mit dem König zum Fluss und machte die gleiche Probe mit einer größeren Wollflocke, und wieder schnitt das Schwert die Flocke in der Strömung glatt durch.

»Was für ein wunderbares Schwert!«, rief der König.

»Ja«, sagte Wieland. »Das Schwert ist gut. Aber es wird noch besser werden.«

Noch einmal wiederholte er, was er gemacht hatte, und in drei Wochen schmiedete er das dritte Schwert. Es war noch kleiner als das zweite. Der Griff war mit Gold verziert, und die Klinge glänzte und funkelte. Wieder ließ er eine noch größere Wollflocke im Fluss treiben, und das Schwert bestand die Probe.

»Ein besseres Schwert hat es nie gegeben!«, rief Nidung begeistert aus. »Ich will es haben und mit ihm in den Kampf ziehen!«

»Es ist Euer Schwert«, sagte Wieland. »Aber ich will noch eine Scheide und einen Gurt dazu anfertigen. Lasst es so lange bei mir in der Schmiede.«

Damit war der König einverstanden. Doch als der Herrscher ihn verlassen hatte, begann Wieland mit einer anderen Arbeit.

Er schmiedete noch ein zweites Schwert, das äußerlich genauso aussah wie das erste. Das erste eigentliche Schwert versteckte er in seiner Werkstatt. Er gab ihm den Namen Mimung, zur Erinnerung an seinen ersten Lehrmeister, Mime.

Schließlich kam der Tag heran, an dem sich die beiden Schmiede messen würden und die Wette entschieden werden sollte.

Amilias betrat den Platz in seiner kunstvollen Rüstung und dem starken Helm und stolzierte siegesbewusst und selbstgefällig hin und her, und alle bewunderten seine Arbeit.

Wieland trat bescheiden herzu, in der Hand sein scharf geschmiedetes Schwert.

Jedermann wartete gespannt darauf, wer die Wette gewinnen würde. Wieland hob seine Klinge und legte sie sanft auf den Helm des Amilias.

»Spürst du etwas?«, fragte er.

Amilias lachte höhnisch. »Da musst du schon ein bisschen stärker zuhauen!« Aber Wieland erwiderte:

»Ich glaube, das ist nicht nötig!«

Er presste die Scheide kräftig auf den Helm, und das Schwert fuhr durch Helm und Kopf bis zum Hals. Tot sank Amilias zu Boden, und die Menge jubelte Wieland zu, der den hochmütigen Gegner getötet hatte.

»Nun gib mir das Schwert!«, sagte der König begierig.

»Wartet noch, ich will nur schnell Scheide und einen Gurt aus meiner Schmiede holen.«

Er lief zu seiner Werkstatt, versteckte Mimung an einem sicheren Ort und brachte dem König stattdessen die zweite Waffe, die er angefertigt hatte.

Niemand merkte die Täuschung, und der König war in dem festen Glauben, er habe das beste Schwert der Welt, und dachte nicht daran, es noch einmal auszuprobieren.

Wieland stand nun hoch in der Gunst des Herrschers, und sein Ruhm verbreitete sich weit über Jütland hinaus.

Er schmiedete für den Hof Waffen,

aber auch reich verzierte Geschmeide und Gefäße aus Gold und Silber,
und Nidung hielt ihn in Ehren.

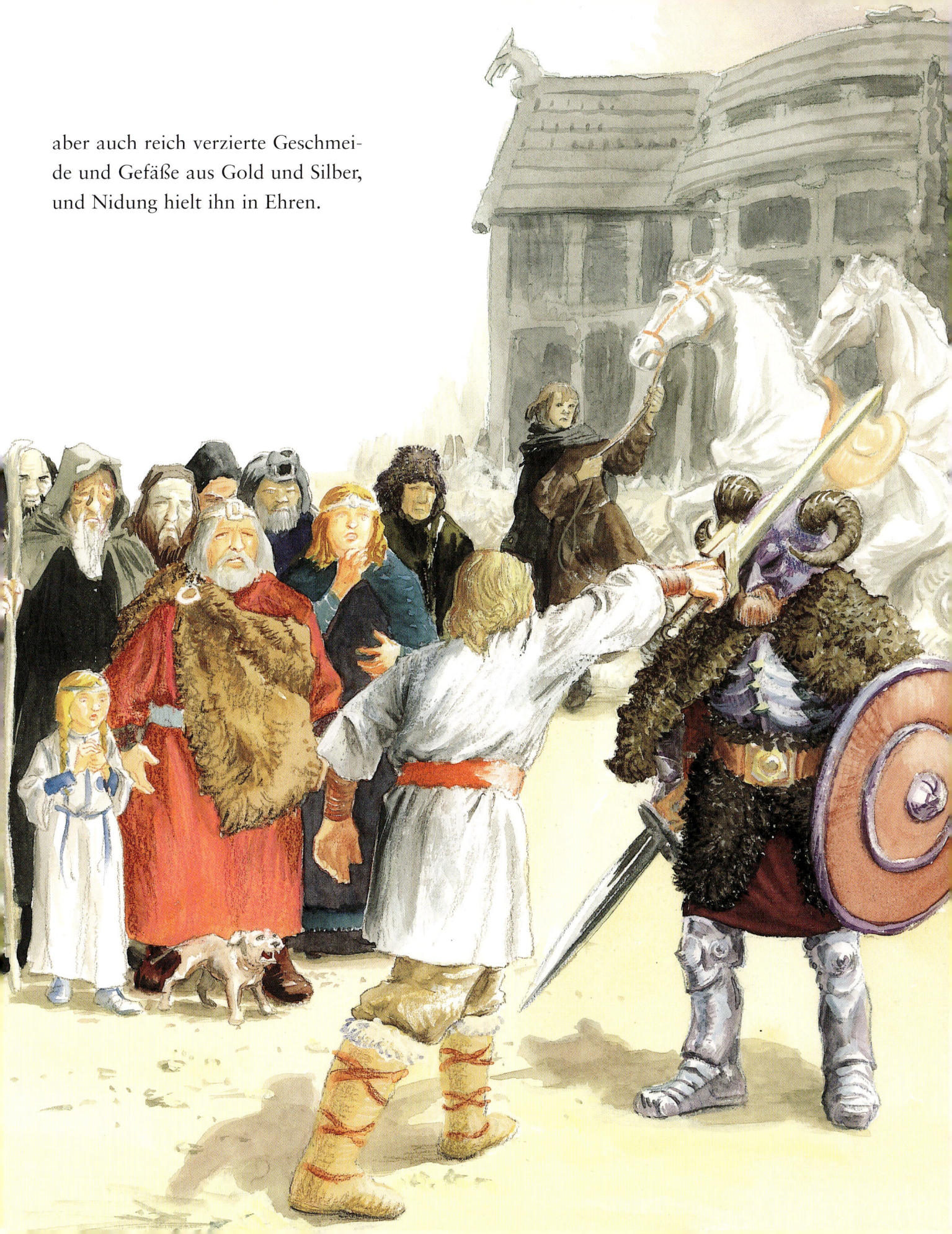

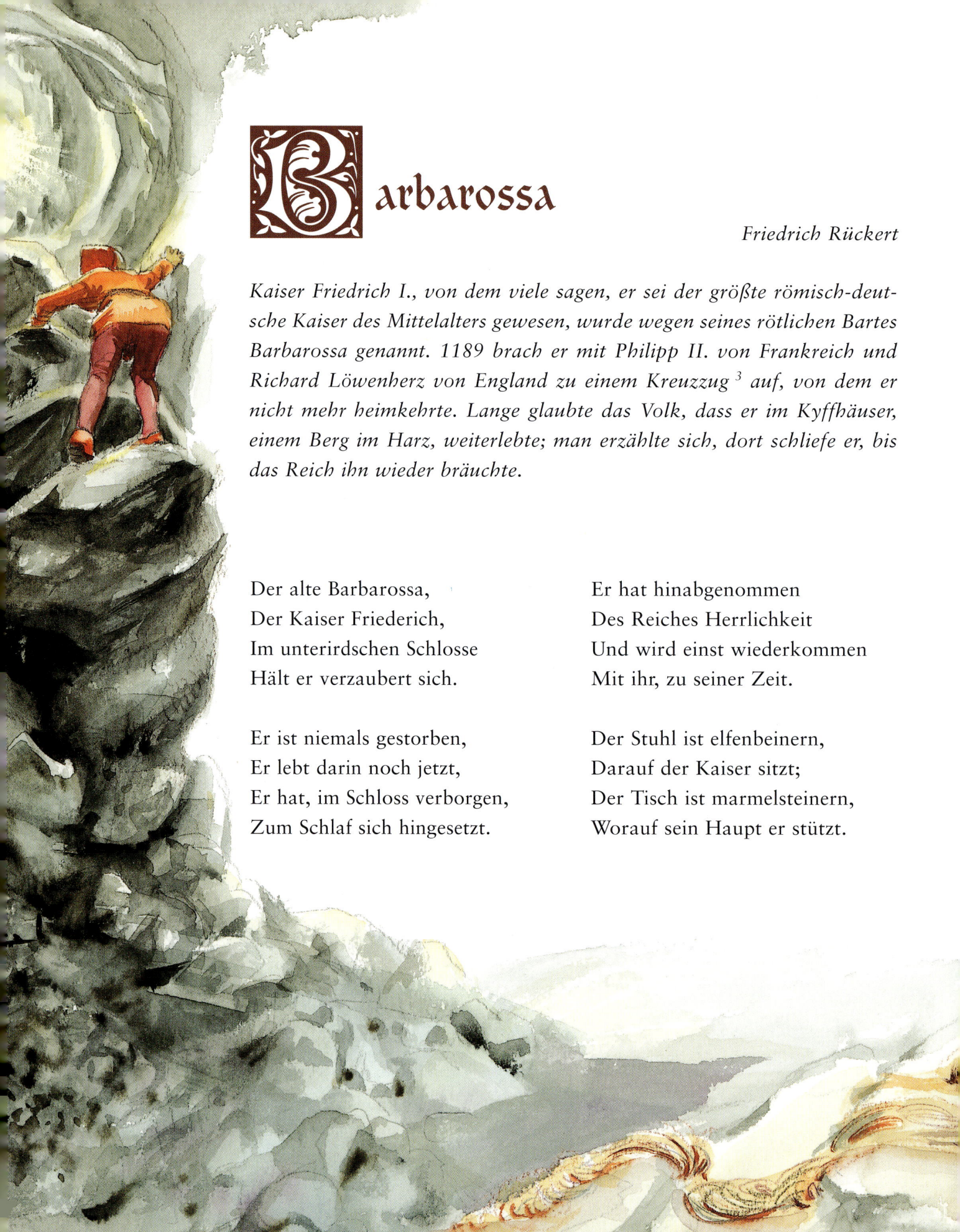

Barbarossa

Friedrich Rückert

Kaiser Friedrich I., von dem viele sagen, er sei der größte römisch-deutsche Kaiser des Mittelalters gewesen, wurde wegen seines rötlichen Bartes Barbarossa genannt. 1189 brach er mit Philipp II. von Frankreich und Richard Löwenherz von England zu einem Kreuzzug [3] auf, von dem er nicht mehr heimkehrte. Lange glaubte das Volk, dass er im Kyffhäuser, einem Berg im Harz, weiterlebte; man erzählte sich, dort schliefe er, bis das Reich ihn wieder bräuchte.

Der alte Barbarossa,
Der Kaiser Friederich,
Im unterirdschen Schlosse
Hält er verzaubert sich.

Er ist niemals gestorben,
Er lebt darin noch jetzt,
Er hat, im Schloss verborgen,
Zum Schlaf sich hingesetzt.

Er hat hinabgenommen
Des Reiches Herrlichkeit
Und wird einst wiederkommen
Mit ihr, zu seiner Zeit.

Der Stuhl ist elfenbeinern,
Darauf der Kaiser sitzt;
Der Tisch ist marmelsteinern,
Worauf sein Haupt er stützt.

Sein Bart ist nicht von Flachse,
Er ist von Feuersglut,
Ist durch den Tisch gewachsen,
Worauf sein Kinn ausruht.

Er nickt als wie im Traume,
Sein Aug halb offen zwinkt,
Und je nach langem Raume
Er einem Knaben winkt.

Er spricht im Schlaf zum Knaben:
Geh hin vors Schloss, o Zwerg,
Und sieh, ob noch die Raben
Herfliegen um den Berg.

Und wenn die alten Raben
Noch fliegen immerdar,
So muss ich auch noch schlafen,
Verzaubert hundert Jahr.

Heinrich der Löwe

Nach Brüder Grimm

Bei seiner Pilgerreise ins Heilige Land soll Herzog Heinrich im Jahr 1172 einen Löwen vom byzantinischen Kaiser geschenkt bekommen haben. Dieses Tier sorgte zu Hause in Braunschweig für großes Aufsehen. Weil Herzog Heinrich politisch Kaiser Friedrich I., genannt Barbarossa, unter-stützte, wurde er zum zweitmächtigsten Mann im Deutschen Reich.

Einstmals hatte Herzog Heinrich, der Herr des Braunschweiger Landes, Lust auf Abenteuer. So traf er Vorbereitungen für eine große Reise. Beim Abschied versprach er seinem treuen Weibe, spätestens nach sieben Jahren wolle er wieder zurück sein. Wäre er das nicht, so solle sie nicht länger auf ihn warten und einen anderen Edelmann als Gemahl nehmen, damit das Land wieder einen Herrscher hätte. Dann zog er hinaus in die Welt.

Eines Tages, als er mit seinem Schiff das Meer befuhr, erhob sich ein mächtiger Sturm und verschlug ihn samt seinem Diener in neue, unbekannte Gebiete. Endlos lange Tage und Nächte irrten sie umher, ohne dass Land in Sicht kam. Bald waren die Speisen aufgebraucht, und es quälte sie heftiger Hunger. In ihrer Not sprach der Herzog: »Lass uns losen. Auf wen das Los fällt, von dem speise sich der andere. So kann wenigstens einer von uns auf Rettung hoffen.«

Darüber erschrak der treue Knecht. Doch fiel das Los nicht auf ihn, sondern auf seinen edlen, liebenswerten Herrn, den er, sein Diener, jetzt töten sollte. Da sprach der Knecht: »Das kann ich nie und nimmermehr. Lieber nähe ich Euch in einen ledernen Sack ein. Dann wollen wir warten, was geschehen wird.«

Der Herr willigte ein, und der Knecht nähte ihn mitsamt seinem Schwert in die Haut eines Ochsens, den sie in den besseren Zeiten zuvor auf dem Schiffe verspeist hatten. Es dauerte nicht lange, da kam der Vogel Greif[4] über das Meer geflogen. Als er den Sack sah, fasste er ihn mit den Klauen und trug ihn durch die Lüfte bis in sein Nest.

Dort verweilte er nicht lange, sondern ließ den Sack zwischen seine Jungen fallen, und schon flog er wieder auf neuen Fang fort.

Herzog Heinrich horchte eine kleine Weile. Als er aber keinen Laut vernahm, wähnte er sich sicher und zerschnitt mit seinem Schwert die Nähte des Sackes. Kaum erblickten die jungen Greifen den lebendigen Menschen, wollten sie gierig über ihn herfallen, aber Heinrich wehrte sich tapfer und erschlug sie. Zum Andenken nahm er eine Greifenklaue mit. Dann stieg er aus dem Nest und machte sich auf den Weg.

Nachdem er eine ganze Weile gegangen war, sah er einen fürchterlichen Lindwurm[5], der kämpfte mit einem Löwen, und der Löwe schien in arger Bedrängnis zu sein.

Nun wird der Löwe für ein edles und treues Tier gehalten, der Lindwurm aber gilt als böse und giftig. So sprang Heinrich dem Löwen bei und tötete in einem langen schweren Kampf den Lindwurm mit seinem Schwert. Da legte sich der Löwe dem Herzog zu Füßen und war ihm von Stund an treu ergeben. Auf ihrer langen Wanderschaft schlug er so manches Wild, damit der Herzog keinen Hunger litt.

Mit der Zeit sehnte sich der Herzog nach anderen Menschen, doch sie trafen keinen einzigen. Endlich kamen sie ans Meer. Da baute der Herzog ein Floß und fuhr damit aufs Meer hinaus, denn er hoffte, der Wind würde ihn an eine bewohnte Küste treiben. Der Löwe aber, als er vom Jagen zurückkam und seinen Herrn auf dem Wasser sah, sprang in die Wogen und schwamm dem davontreibenden Floß hinterher. Kaum hatte er es erreicht, schüttelte er sich das Wasser aus dem Fell und legte sich wieder ruhig zu des Herzogs Füßen. So trieben sie mit der Strömung dahin.

Bald überkam sie erneut Hunger und Elend. Wieder hielt der Herzog nach Land Ausschau. Er wachte und betete bei Tag und bei Nacht. Da erschien ihm der Teufel und sprach: »Herzog, du schwebst hier in Pein und Not und daheim zu Braunschweig herrscht eitel Freude. Heute Abend will ein Fürst aus fremden Landen dein Weib heiraten, denn seit deiner Ausfahrt sind die sieben Jahre Frist verstrichen.«

Da antwortete Heinrich traurig, das möge wohl wahr sein, doch er wolle auf Gott vertrauen, dass er alles zum Guten wende.

»Du redest von Gott«, sprach der Teufel, »und doch bist du auf diesem Wasser und leidest Hunger. Ich aber kann dich noch heute zu deiner Gemahlin bringen, sofern du mein sein willst.« Doch der Herzog wollte von seinem Glauben an Gott nicht lassen, sosehr ihn der Teufel auch in Versuchung führte.

Endlich schlug der Böse [49] vor: »Ich bringe dich und deinen Löwen heute Abend auf den Giersberg vor Braunschweig. Zuerst werde ich dich hinbringen, dann deinen Löwen. Du wachst so lange auf dem Berg, bis ich

mit dem Löwen zurückkomme. Finde ich dich nach der Rückkehr aber schlafend, so bist du und dein Reich mir verfallen.«

Der Herzog, welcher der Abenteuer überdrüssig war und sich nach seiner geliebten Gemahlin sehnte, ging auf den Handel ein und hoffte, dass der Himmel ihm beistehen möge. Und schon ergriff ihn der Teufel, führte ihn durch die Lüfte bis auf den Giersberg, ließ ihn dort frei und rief:

»Nun wache, Herr! Ich kehre bald wieder!«

Heinrich aber war furchtbar müde, er setzte sich unter einen Baum und lehnte sich ermattet an dessen Stamm. Der Teufel fuhr zurück und holte den treuen Löwen. Als er nun, noch aus

der Luft herunter, den Herzog von Müdigkeit überwältigt neben dem Baum schlafen sah, freute er sich, denn sein Plan schien aufzugehen. Der Löwe aber dachte, sein Herr wäre tot, und fing vor Schmerz laut zu brüllen an.

Da erwachte Heinrich augenblicklich und sprang auf die Füße. Nun sah der Teufel sein Spiel verloren, und voller Wut warf er den Löwen auf den Baumwipfel, dass es nur so krachte. Aber die Äste federten die Wucht des Wurfs ab, und so kam der Löwe wohlbehalten bei seinem Herrn an.

Weil es schon Abend wurde, beschloss Heinrich, sofort in die Stadt zu gehen. Großes Getön[6] scholl ihm entgegen. Als er in sein Fürstenhaus treten wollte, wiesen ihn die Wachen ab, denn sie erkannten ihn nicht; die letzten sieben Jahre hatten ihn arg verändert.

»Was bedeutet das Trommeln und Pfeifen?«, rief Heinrich aus. »Sollte es wahr sein, dass ein fremder Herr im Haus ist?«

»Kein Fremder«, antwortete ihm ein Wächter, »er ist mit unserer Gnädigen Frau verlobt und bekommt heute Abend das Braunschweiger Land.«

»So bitte ich«, sagte der Herzog, »die Braut um einen Trunk Weins, mein Herz ist mir ganz matt.« Da lief ein Diener hinauf zur Fürstin und erzählte ihr von dem fremden Gast, dem ein Löwe auf dem Fuß folgte, und seiner Bitte.

Die Herzogin wunderte sich, füllte aber ein Glas mit Wein und sandte es dem Pilger. »Wer bist du«, fragte der Diener, »dass du von diesem edlen Wein zu trinken begehrst, den man allein der Herzogin einschenkt?«

Der Pilger antwortete nicht; er trank, nahm seinen goldenen Ring, warf ihn in den Becher und bat den Diener, diesen der Braut zurückzutragen. Als sie den Ring erblickte, erkannte sie ihn sofort, denn des Herzogs Name war darin eingeschnitten. Da erbleichte sie und ließ den Pilger in den Saal bitten und fragen, von wem er den Ring bekommen und warum er ihn in den Becher gelegt hätte.

»Von keinem hab ich ihn bekommen«, antwortete der Fremde, »sondern ihn selbst mitgenommen, vor mehr als sieben Jahren, und ihn dort hingelegt, damit Ihr ihn seht.«

Da schaute die Herzogin den Fremden genau an und erkannte voller Freude ihren geliebten Gemahl. Mit ihr freuten sich auch alle anderen im Saal; Herzog Heinrich wurde herzlich willkommen geheißen und er setzte sich zu seiner Gemahlin an den Tisch. Dem jungen Bräutigam aber wurde bald darauf ein schönes Fräulein aus Franken angetraut.

Herzog Heinrich regierte lange und glücklich in seinem Reich; als er im hohen Alter verstarb, wurde sein Leichnam im Dom beigesetzt. Der Löwe aber kratzte so lange an der verschlossenen Domtür, bis er eingelassen wurde. Im Dom legte er sich auf das Grab seines Herrn und wich nicht davon, bis auch er verschied. Die noch heute sichtbaren Kratzspuren an dem Portal, so sagt man, stammen von dem treuen Gefährten.

Von holden Prinzessinnen und edlen Frauen

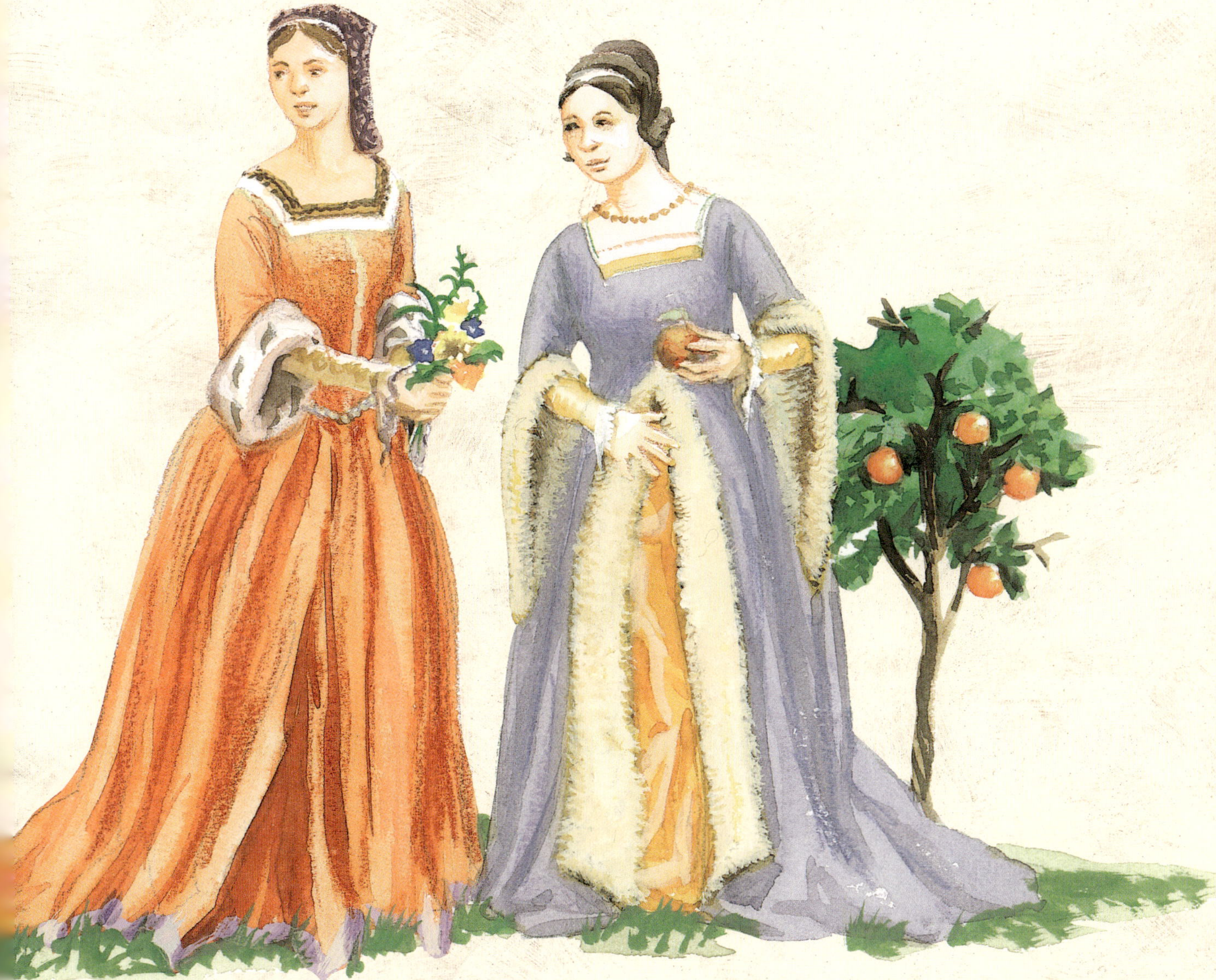

Hildegard

Nach Brüder Grimm

Karl der Große hatte nacheinander sechs Frauen. Seine dritte, die schöne und tugendsame Hildegard, heiratete er 771. Sie gebar ihm neun Kinder, darunter waren die späteren Könige Karl der Jüngere, Pippin, König von Italien, und König Ludwig der Fromme.

Als Kaiser Karl mit seinem Heer gegen Sachsen zog, musste er seine Gemahlin Hildegard zurücklassen. Er bat seinen Stiefbruder Talan, dafür Sorge zu tragen, dass es ihr wohlergehe, solange er, der Kaiser, weg war. Talan versprach es ihm. Doch heimlich hatte er schon lange ein Auge auf die schöne Hildegard geworfen, und kaum war Kaiser Karl mit seinem Heer fortgezogen, forderte Talan Hildegard auf, ihm zu Willen zu sein.

»Lieber will ich den Tod erleiden, als meinem geliebten Herrn die Treue brechen«, rief die tugendhafte Hildegard aus.

Talan kümmerte sich nicht darum und fuhr mit seinem ungebührlichen Drängen fort, bis Hildegard sich verstellte und so tat, als willigte sie in sein Begehren ein. Doch zuvor erbat sie sich eine schöne Brautkammer von ihm.

Talan wähnte sich schon am Ziel seiner verwerflichen Wünsche und ließ ein kostbares Frauengemach bauen. Als es fertig war, bat er die Königin, mit ihm hineinzugehen.

»Ja, geh er nur schon voraus«, sagte Hildegard. Kaum war er in das Gemach eingetreten, warf sie die Tür von außen zu und legte einen schweren Riegel davor. Nun war Talan gefangen.

In diesem Gefängnis hielt sie Talan fest, bis es hieß, dass Kaiser Karl wieder aus Sachsen heimkehrte. Heuchlerisch bat Talan um Vergebung und flehte Hildegard an, ihn freizulassen, bevor der Kaiser in seine Burg einzog. Da ließ sie ihn aus Mitleid wieder frei, denn sie glaubte ihm.

Als Kaiser Karl seinen Stiefbruder Talan erblickte, wunderte er sich über dessen Blässe und fragte ihn, warum er so bleich und mager aussähe. »Daran ist Eure gottlose, unzüchtige Hausfrau schuld«, antwortete Talan heftig. »Sobald sie merkte, dass ich ihr verwerfliches Leben nicht dulden würde, ließ sie einen Turm bauen und mich darin gefangen halten.«

Der Kaiser war über diese Nachricht so erzürnt, dass er, ohne sie anzuhören, seinen Dienern befahl, Hildegard festzunehmen und zu ertränken. Doch Hildegard konnte fliehen und fand schließlich bei einer Freundin Unterschlupf.

Nicht lange danach erfuhr der König von ihrem Versteck, und diesmal verordnete er, sie in einen Wald zu führen, sie zu blenden [7] und so, beider Augen beraubt, aus dem Land zu jagen. Die Verfolger zogen aus, ergriffen Hildegard und führten sie mit sich fort, um den Befehl auszuführen. Auf dem Weg in den Wald begegnete ihnen ein Edelmann. Er erkannte die Königin, und als er sah, in welcher Gefahr sie schwebte, entriss er sie den Knechten und gab ihnen statt ihrer seinen Hund. Die Knechte stachen ihm die Augen aus und überbrachten sie dem Kaiser, zum Zeichen, dass sein Befehl geschehen wäre.

Hildegard dankte Gott für seine Hilfe und zog mit ihrer getreuen Edelfrau Rosina von Bodmer nach Rom. Dort wurde sie schnell durch ihre Heilkunst, die sie noch zu Hause gelernt hatte, bekannt und ihr Ruhm verbreitete sich weit über die Grenzen Italiens hinaus.

Mittlerweile hatte Gott Talan mit

Blindheit und Aussatz gestraft und kein Arzt konnte ihm helfen. Auch er hörte von der Heilerin in Rom, wusste aber nicht, wer sie wirklich war. So bat er Kaiser Karl, als dieser mit großem Gefolge nach Rom zog, ihn begleiten zu dürfen, denn dort erhoffte er sich Hilfe gegen seine Gebrechen.

Noch am Tag seiner Ankunft ließ Talan sich zu der Heilerin führen, nannte ihr seinen Namen und bat sie inständig um Arznei für seine Krankheiten.

Hildegard erkannte Talan sofort. Sie bestand darauf, dass er erst seine Sünden einem Priester beichtete und Buße und Besserung geloben müsse, bevor sie ihn heilen könnte. Talan tat, was sie ihm auftrug, und als er wieder zu ihr kam, gab sie ihm Medizin für seine Gebrechen mit, die ihn in einigen Tagen völlig gesund machte.

Der Kaiser wunderte sich über Talans rasche Heilung und er wünschte die Heilerin zu sehen. Hildegard aber ließ ihm durch einen Boten ausrichten, dass sie am nächsten Tage in das Münster St. Petri gehen wolle. Als Karl dort am anderen Morgen eintraf, gab sie sich ihm zu erkennen und berichtete ihm, wie Talan sie verraten hatte.

Karls Freude war übergroß, als er sie erkannte, und er nahm sie wieder zu seiner Gemahlin; seinen Stiefbruder aber verurteilte er zum Tod.

Doch Hildegard wollte auf keinen Fall, dass ihretwegen jemand sterben sollte, deshalb bat sie um sein Leben. Und Karl, voller Freude, seine Gattin wiedergefunden zu haben, gewährte ihr die Bitte. Talan blieb also am Leben, aber er wurde mit Schimpf und Schande des Hofes verwiesen.

Er zog von einem Königshof zum anderen, doch nirgends fand er eine Bleibe oder neue Gefährten. So musste er schließlich einsam und im Elend weiterleben.

Es waren zwei Königskinder

Volksballade

Die Ballade geht auf die griechische Sage von Hero und Leander zurück. Nachweislich ist diese unglückliche Liebe seit dem 17. Jahrhundert Thema von vielen Balladen und Sagen.

Es waren zwei Königskinder,
Die hatten einander so lieb,
Sie konnten zusammen nicht
   kommen,
Das Wasser war viel zu tief.

»Herzliebster, kannst du nicht
   schwimmen?
So schwimm doch her zu mir!
Drei Kerzen will ich dir anzünden,
Die sollen leuchten dir.«

Da saß eine falsche Nonne,
Die tat, als wenn sie schlief,
Sie tat die Kerzen ausblasen,
Der Jüngling ertrank so tief.

Ein Fischer wohl fischte lange,
Bis er den Toten fand:
»Sieh da, du liebliche Jungfrau,
Hast hier deinen Königssohn.«

Sie nahm ihn in ihre Arme
Und küsst' seinen bleichen Mund;
Es musst' ihr das Herze brechen,
Sie sank in den Tod zur Stund.

Sigfrid und Kriemhild

Johannes Carstensen

Sigfrid ist eine der zentralen Figuren in dem mittelalterlichen Heldenepos »Das Nibelungenlied«. Die Ursprünge der Sage reichen zurück bis zur Völkerwanderung, und ihr historischer Kern liegt wahrscheinlich in der Zerschlagung des Burgundenreiches im Raum Worms im Jahr 436.

Am Hofe von Worms

Im Lande der Burgunden zu Worms am Rhein herrschte König Gunther mit seinen Brüdern Gernot und Giselher, sie hatten eine Schwester namens Kriemhild, die mit ihrer Mutter Ute am Hofe lebte. Viele Helden warben um die schöne Kriemhild; doch sie wies alle ab, weil sie durch Liebe niemals Leid erfahren wollte, wie ihr ein Traum verkündet hatte.

Damals lebte zu Xanten am Niederrhein Sigfrid, der Sohn des Königs Sigmund. Schon in früher Jugend hatte der junge Held sich durch Kühnheit und Kraft Tatenruhm erworben. Einen giftigen Drachen hatte er im Kampfe besiegt, und als er sich in dessen Blut badete, war seine Haut hörnern[8] geworden, sodass keine Waffe ihn verwunden konnte. Dem Zwergenvolke der Nibelungen hatte er einen unermesslichen Schatz an Gold und Edelsteinen abgewonnen, und in diesem Kampfe hatte er auch eine Tarnkappe erbeutet, die ihn unsichtbar machte, dazu das herrliche Schwert Balmung.

Als Sigfrid nun von der schönen Kriemhild hörte, hielt es ihn nicht länger mehr an des Vaters Hof. Mit zwölf seiner Kampfgefährten zog er nach Worms am Rhein, um die liebliche Jungfrau zum Weibe zu gewinnen. Als sie vor die Königsburg kamen, erkannte niemand in Gunthers Gefolge weder die Mannen noch ihren Führer. Da ließ König

Gunther den weit gereisten Hagen kommen, doch auch der wusste nicht, wer die Ankömmlinge seien. »Ich möchte wohl glauben, dass es Sigfrid ist«, meinte er schließlich, »der Held aus Niederland, der die Söhne des Zwergenkönigs Nibelung erschlagen hat und den Nibelungenhort besitzt. Ich rate, wir sollten ihn gut empfangen.«

In Ehren nahm man die Gäste auf, und Sigfrid blieb ein ganzes Jahr am Hofe zu Worms.

Doch die Jungfrau, um deretwillen er gekommen war, bekam er nicht zu Gesicht. Kriemhild aber blickte oft heimlich aus dem Fenster ihres Gemachs, wenn die Recken[9] auf dem Burghofe ihre Kampfspiele trieben, und lobte in vertrautem Kreise den herrlichen Helden.

Sigfrid war gern gesehen bei jedermann am Burgundenhofe, und die Gastfreundschaft, die man ihm erwies, entgalt er nach Reckenart, indem er

dem König auf seinen Kriegszügen Beistand leistete. Als die Könige von Sachsen und Dänemark das Land der Burgunden bedrohten, verdankte Gunther seinen Sieg allein seinem starken Gast vom Niederrhein, der beide feindlichen Könige nach heißem Zweikampf gefangen nahm.

Als Gunther nach Sigfrids Rückkehr ein prächtiges Fest zur Feier des Sieges veranstaltete, war auch Kriemhild anwesend. Zum ersten Mal sah Sigfrid die schöne Jungfrau, der sein ganzes Sehnen galt. Als sie an der Hand ihrer Mutter, der Königin Ute, geleitet von ihren Jungfrauen und hundert Mannen, in den Festsaal trat, verneigte sich Sigfrid in tiefer Ehrerbietung vor den Frauen. Nie in seinem Leben hatte Sigfrid solche Freude empfunden wie in diesem Augenblick, da er Kriemhild an seiner Hand führen durfte und mit ihr durch den Palast schritt.

Die Fahrt nach Island

Fern über der grauen See, auf der Insel Island, wohnte die schöne Königin Brunhild. Viele begehrten ihre Liebe und freiten um sie, doch Brunhild stellte harte Bedingungen. Wer sich mit ihr vermählen wollte, musste sie dreifach besiegen: im Speerwurf, im Steinschleudern und im Sprung. Wer auch nur in einem dieser Wettkämpfe unterlag, hatte sein Leben verwirkt[10]. König Gunther wünschte nichts sehnlicher, als die begehrenswerte Königin zum Weibe zu gewinnen. »Wenn du mir beistehst, sie zu erringen«, sagte er zu Sigfrid, »so werde auch ich Leben und Ehre für dich wagen.« Da antwortete Sigfrid: »Die Fahrt zur Königin Brunhild will ich mit dir wagen, so du mir deine Schwester Kriemhild zum Weibe gibst. Anderen Lohn begehre ich nicht!« Da gelobte ihm Gunther die schöne Kriemhild zur Frau, wenn Brunhild als Königin ins Burgundenland einzöge.

Nur der starke Hagen und sein Bruder Dankwart fuhren als Begleiter mit, als Gunther und Sigfrid das Schiff bestiegen, das sie von Worms den Rhein hinab zu Brunhilds Burg Isenstein führen sollte. Zwölf lange Tage und Nächte fuhren die Weggefährten über See. Als sie endlich an

Land gingen, führte Sigfrid des Königs Ross am Zügel, damit man ihn für Gunthers Lehnsmann[11] halte. Sie bestiegen ihre Rosse und ritten in schwarzen Rüstungen und in prächtiger Wehr zur Burg. Die Tore wurden ihnen weit aufgetan, und Brunhilds Mannen eilten ihnen entgegen, sie zu empfangen.

Brunhild hieß sie freundlich willkommen. Den kühnen Sigfrid, den sie bereits kannte, begrüßte sie vor König Gunther.

Am nächsten Tage begannen die Kampfspiele. Gunther war nicht stark genug, die schweren Waffen, die Brunhild ihm reichen ließ, zu führen; doch Sigfrid, unsichtbar durch seine Tarnkappe, übernahm den Wettkampf, während Gunther zum Schein die Gebärden ausführte. Mit übermenschlicher Kraft fasste Brunhild den Schild, den vier Männer in die Kampfbahn getragen hatten, nahm den schweren Wurfspeer und schleuderte ihn auf ihren Gegner. Die Waffe drang durch den Schild, sodass Gunther strauchelte und Sigfrid das Blut aus dem Munde brach. Trotzdem ermannte sich Sigfrid sogleich, er fasste den Speer und warf ihn mit solcher Wucht zurück, dass Brunhild zu Boden stürzte.

Doch schnell sprang Brunhild wieder auf die Füße, sie ergriff einen mächtigen Stein und schleuderte ihn an die zwölf Klafter[12] weit, und in voller Waffenrüstung sprang sie über den Wurf hinaus. Doch wieder zeigte sich Sigfrid, unter der Tarnkappe verborgen, ihr überlegen. Er warf den Stein noch weiter als Brunhild und sprang über das Ziel hinaus. Durch die Tarnkappe hatte er die Kraft, König Gunther dabei mit sich zu tragen. Da musste Brunhild sich besiegt bekennen. »Tretet herzu, ihr Mannen«, gebot sie ihren Recken, »und huldigt eurem neuen Herrn!«

So konnte Gunther die stolze Brunhild als seine Gemahlin heimführen, und mit großem Prunk wurde in Worms die Doppelhochzeit gefeiert. Aber als Brunhild die liebliche Kriemhild beim festlichen Mahle an Sigfrids Seite sitzen sah, vergoss sie bittere Tränen. »Es betrübt mich sehr«, versetzte sie auf Gunthers Frage, »dass

du deine Schwester einem deiner
Dienstmannen zur Frau gegeben
hast!«

Vergeblich suchte der König sie zu
beschwichtigen. Aber nicht eher wollte sie ihm als Gattin angehören, als bis
sie genau wüsste, wie alles sich zugetragen habe. Als Gunther am Abend
sein Weib umarmen wollte, wehrte
sich Brunhild, fesselte ihm mit ihrem
Gürtel Füße und Hände und hängte
den Wehrlosen an einen starken
Nagel hoch an der Wand. Dort musste er bleiben bis in die Morgen-
stunden.

Tags darauf erfuhr Sigfrid von der
unwürdigen Behandlung, die Gunther
hatte auf sich nehmen müssen.

»Ich werde dir helfen«, versprach er
dem Freunde, und mithilfe seiner
Tarnkappe stand er Gunther bei, die
Widerstrebende zu bezwingen. Er
nahm Brunhilds Gürtel und einen
Ring, den er ihr heimlich vom Finger
zog, mit sich, als er sie verließ.

Nicht lange danach zog Sigfrid mit
Kriemhild, seinem jungen Weibe, in
seine Heimat nach Xanten am Niederrhein und bestieg den Thron seines
Vaters Sigmund.

Der Streit der Königinnen

Zehn Jahre gingen ins Land, Brunhild aber sann über vieles nach. »Warum leistet Sigfrid, der doch dein Lehnsmann ist, dir keine Dienste?«, fragte sie ihren Gatten immer wieder. »Warum weilt er ständig in der Ferne und stellt sich niemals an deinem Hofe ein?«

Vergeblich suchte Gunther Ausflüchte. Um ihren Willen dennoch durchzusetzen, beredete sie den königlichen Gemahl, zur nächsten Sonnenwende[13] ein großes Fest zu bereiten.

Auch Sigfrid und Kriemhild, begleitet von dem greisen Sigmund, folgten der Einladung König Gunthers, zusammen mit vielen Recken ihres Landes. Trotz der Festesfreude aber, die alle erfüllte, sah Brunhild voll Neid auf Sigfrids und Kriemhilds großes Gefolge, und sie wunderte sich, dass ein Lehnsmann König Gunthers zu so großem Ansehen gelangen könne. Unwillig hörte sie Kriemhilds Worte, als beide Königinnen am elften Tage vor dem Vespergottesdienst zusammensaßen.

»Sieh doch nur«, rief Kriemhild glücklich, »wie herrlich Sigfrid vor allen Helden einherschreitet und wie niemand ihm im Kampfe ebenbürtig ist!«

»Er ist doch nur meines Gatten Eigenmann«, unterbrach Brunhild sie, »und deshalb musst du Gunther den Vorrang geben!«

Kriemhild wollte solchen Vorwurf nicht gelten lassen; immer heftiger wurde der Wortstreit, und die Frauen trennten sich im Zorn. Als die Stunde des Gottesdienstes gekommen war, ging jede der beiden Königinnen, die sonst stets einträchtig beisammen gesehen wurden, allein mit ihren Jungfrauen zum Münster.

»Bleib stehen, Kriemhild!«, rief Brunhild scharf. »Ich habe den Vortritt! Die Frau eines Dienstmannes darf niemals vor ihres Königs Gattin gehen!«

Da entbrannte wilder Hass in Kriemhilds Herzen. Sie warf Brunhild vor, nicht Gunther, sondern Sigfrid habe sie bezwungen. In bittern Tränen stand Brunhild da, während Kriemhild erhobenen Hauptes an ihr vorbei ins Münster schritt.

Nach dem Messedienst verlangte die

tief gekränkte Königin Beweise für Kriemhilds beleidigende Worte. Da zeigte diese ihr Gürtel und Ring, die Sigfrid ihr in der Nacht der Vermählung genommen hatte. Hagen von Tronje aber, der Brunhild weinen sah, suchte seine Herrin zu beruhigen und gelobte, die bittere Schmach, die ihr angetan war, an Sigfrid zu rächen, der das Geheimnis von Gunthers Brautwerbung an seine Gattin preisgegeben hatte.

Falsche Boten, die man bestellt hatte, erschienen in Worms, um neuen Krieg der Dänen und Sachsen anzusagen. Sofort erbot sich Sigfrid, mit den Burgunden in den Kampf zu ziehen. Als das Heer zum Aufbruch bereitstand, begab sich Hagen zu Kriem-

hild, um Abschied von ihr zu nehmen. »Lass Sigfrid nicht entgelten, was ich Brunhild angetan habe«, bat ihn die schöne Frau, »längst quält mich die Reue.« Da versprach Hagen, über Sigfrieds Leben in der Schlacht zu wachen.

»An einer Stelle ist er verwundbar«, sagte Kriemhild in arglosem Vertrauen, und sie verriet Hagen, was sonst niemand wusste.

Als Sigfrid sich im Blute des erschlagenen Drachen gebadet hatte, war ihm ein Lindenblatt zwischen die Schultern gefallen, sodass er an dieser Stelle verwundbar blieb, weil nur

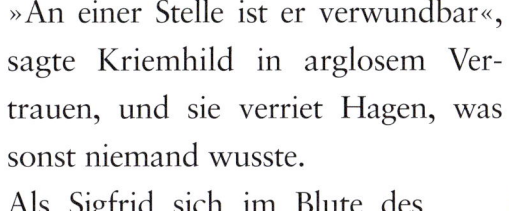
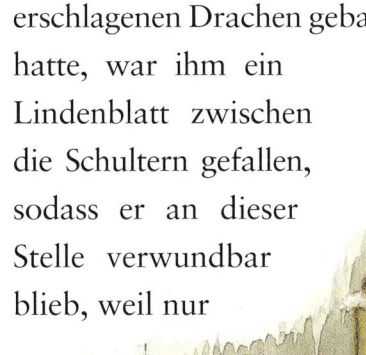

hier seine Haut nicht hörnern [8] geworden war. Da bat Hagen die Königin, die verwundbare Stelle durch ein auf das Gewand genähtes Kreuz zu bezeichnen, damit er ihren Gatten recht schützen könne.

Sigfrids Tod

Kaum war Sigfrid mit seinen Mannen zum Kampfe ausgezogen, da kamen neue Boten, die den Krieg widerriefen. Nach der Rückkehr an den Hof zu Worms beschloss man, in den Wasgenwald zu ziehen, um eine große Jagd abzuhalten. Unter Tränen nahm Kriemhild Abschied von dem geliebten Gatten. Sie hatte geträumt, wie zwei wilde Eber Sigfrid anfielen und das Gras sich vom Blute rötete. Sigfrid tröstete die schöne Kriemhild mit freundlichen Worten, umarmte und küsste sie und ritt unbekümmert mit dem Gefolge davon.

Auf der Jagd machte Sigfrid von allen die reichste Beute, er fing sogar mit eigener Hand einen Bären und brachte ihn, als das Horn das Ende der Jagd verkündete, lebend und gefesselt zum Sammelplatz.

Nach den Mühen der Jagd setzte man sich zum Mahle, Speisen in reicher Auswahl standen bereit, doch es fehlte der Trank. Irrtümlich, so sagte Hagen entschuldigend, sei der Wein in den Spessart geschickt worden. »Doch ich weiß hier ganz in der Nähe eine Quelle, die im Schatten einer Linde liegt«, fuhr er fort. »Wollen wir nicht dorthin um die Wette laufen?« Gunther und Sigfrid waren einverstanden. Wie Panther liefen sie durch den Klee. Sigfrid trug Wehr und Waffen bei sich und dennoch erreichte er den Brunnen als Erster.

Doch er trank nicht vor König Gunther. Dem König ließ er den Vortritt. Dann erst beugte er sich selbst über die Quelle, um seinen Durst zu löschen. Da ergriff Hagen den Speer, den Sigfrid arglos an die Linde gelehnt hatte, und stieß ihn dem Helden in den Rücken. Mit Bedacht traf er ihn genau an der Stelle, die Kriemhild durch das aufgenähte Kreuz kenntlich gemacht hatte. Das Blut sprang sogleich so heftig aus der Wunde, dass auch Hagen befleckt wurde. Da ließ er den Speer im Rücken Sigfrids ste-

cken und wandte sich zur Flucht. Als Sigfrid die schwere Wunde fühlte, sprang er rasend vor Wut auf und stürzte dem Mörder nach. Hagen floh davon, wie er noch vor keinem Manne gelaufen war. Doch Sigfrid erreichte ihn, und mit dem Schilde – der Tronjer hatte mit Vorbedacht alle Waffen an der Linde entfernt – schlug Sigfrid auf Hagen ein, sodass dieser zu Boden stürzte. Doch dann entwich alle Farbe aus dem Antlitz des todwunden Helden. Seine Kraft verließ ihn und sterbend sank er ins Gras.

Kriemhilds Trauer

In der Nacht brachte man den erschlagenen Recken über den Rhein nach Worms zurück. Hagen ließ den Leichnam vor Kriemhilds Kammer tragen und dort niederlegen.

Als beim Messeläuten in früher Morgenstunde der Kämmerer kam, um Kriemhild auf ihrem Wege zum Münster zu leuchten, entdeckte er als Erster den Toten. »Herrin«, meldete er ihr entsetzt, »draußen liegt ein toter Recke!«

Kriemhild begann sogleich laut zu klagen; denn sie erkannte die grausige Wahrheit, noch ehe sie den erschlagenen Gatten gesehen hatte. Als man ihr den Toten wies, sank sie ohnmächtig zu Boden.

Voller Bestürzung eilte der greise König Sigmund herbei, und bald hallte die Burg wider von der Klage um den herrlichen Helden. Sigfrids Mannen verlangten Rache und auch König Sigmund war bereit zu kämpfen. Doch Kriemhild bat, von diesem Vorhaben abzusehen und einen besseren Zeitpunkt abzuwarten. Sie wollte nicht, dass Sigfrids Mannen sich gegen die Übermacht der Burgunden nutzlos opferten.

Sigfrids Leichnam wurde im Münster aufgebahrt.

Als Gunther mit Hagen an die Bahre trat, erhob er laute Klage. »Räuber haben den Helden im Walde erschlagen«, sagte er.

»Wollt ihr eure Unschuld erweisen«, erwiderte Kriemhild, »so tretet nahe herzu!«

Gunther folgte der Aufforderung. Doch als Hagen an die Bahre trat, brach die Wunde des Toten auf und begann zu bluten. Jetzt hatte Kriemhild die Bestätigung, wer der Mörder war. Drei Tage und drei Nächte wachte sie an Sigfrids Leiche; aber vergebens hoffte sie, dass der Tod sie zu sich nehmen würde.

Mit großen Ehren wurde Sigfrid zu Grabe getragen. Bevor der Tote ins Grab gesenkt wurde, ließ Kriemhild den Sarg noch einmal öffnen, so schwer fiel ihr die Trennung von dem geliebten Gatten.

Nachdem alles vollbracht war, kehrte König Sigmund in sein verwaistes Königreich zurück. Kriemhild aber blieb in Worms, denn sie wollte täglich am Grabe des geliebten Gatten sein. Jahrelang sprach sie kein Wort mit König Gunther, ihrem Bruder, und Hagen, ihren Feind, sah sie niemals. Erst Gernots und Giselhers Zureden konnten sie bestimmen, mit Gunther Frieden zu schließen.

Auf Gunthers Bitte ließ die Königin später den Nibelungenhort, den Sigfrid einst dem Zwergenkönig abgewonnen und ihr als Morgengabe übereignet hatte, nach Worms bringen. Freigebig teilte Kriemhild nun aus ihrem unermesslichen Schatz Gaben aus unter die Armen.

Da Hagen fürchtete, sie könne dadurch zu großen Anhang im Volke gewinnen, erwirkte er es, dass man ihr die Schlüssel zur Schatzkammer nahm.

Kriemhild zürnte sehr und beklagte sich bitter bei ihrem Bruder über die Gewalt, die ihr angetan ward.

Hagen aber nahm entschlossen den Schatz an sich und versenkte ihn in den Rhein.

Gorm Grymme

Theodor Fontane

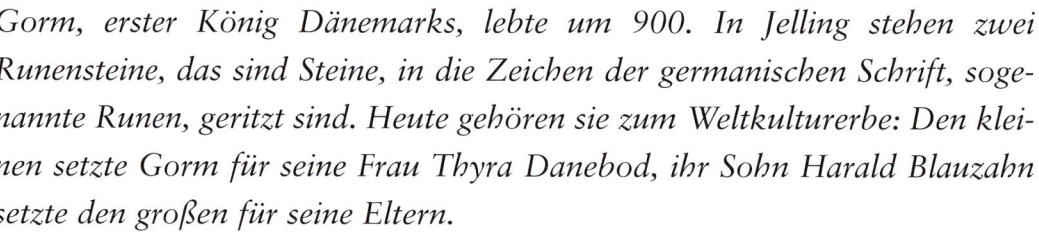

Gorm, erster König Dänemarks, lebte um 900. In Jelling stehen zwei Runensteine, das sind Steine, in die Zeichen der germanischen Schrift, sogenannte Runen, geritzt sind. Heute gehören sie zum Weltkulturerbe: Den kleinen setzte Gorm für seine Frau Thyra Danebod, ihr Sohn Harald Blauzahn setzte den großen für seine Eltern.

König Gorm herrscht über Dänemark,
Er herrscht die dreißig Jahr,
Sein Sinn ist fest, seine Hand ist stark,
Weiß worden ist nur sein Haar,
Weiß worden sind nur seine buschigen Brau'n,
Die machten manchen stumm;
Im Grimme liebt er dreinzuschaun –
Gorm Grymme heißt er drum.

Und die Jarls[14] kamen zum Fest des Jul[15],
Gorm Grymme sitzt im Saal,
Und neben ihm sitzt, auf beinernem Stuhl,
Thyra Danebod, sein Gemahl;
Sie reichen einander still die Hand
Und blicken sich an zugleich,
Ein Lächeln in beider Augen stand –
Gorm Grymme, was macht dich so weich?

Den Saal hinunter, in offner Hall,
Da fliegt es wie Locken im Wind,
Jung-Harald spielt mit dem Federball,
Jung-Harald, ihr einziges Kind.
Sein Wuchs ist schlank, blond ist sein Haar,
Blau-golden ist sein Kleid,
Jung-Harald ist heut fünfzehn Jahr
Und sie lieben ihn allbeid.

Sie lieben ihn beid; eine Ahnung bang
Kommt über die Königin,
Gorm Grymme aber, den Saal entlang
Auf Jung-Harald deutet er hin,
Und er hebt sich zum Sprechen – sein Mantel rot
Gleitet nieder auf den Grund:
»Wer je mir spräche, ›er ist tot‹,
Der müsste sterben zur Stund.«

Und Monde gehn. Es schmolz der Schnee,
Der Sommer kam zu Gast.
Dreihundert Schiffe fahren in See,
Jung-Harald steht am Mast.

Er steht am Mast, er singt ein Lied,
Bis sich's im Winde brach,
Das letzte Segel, es schwand, es schied –
Gorm Grymme schaut ihm nach.

Und wieder Monde. Grau-Herbstestag
Liegt über Sund und Meer.
Drei Schiffe mit mattem Ruderschlag
Rudern heimwärts drüber her;
Schwarz hängen die Wimpel; auf Brömsebro-Moor
Jung-Harald liegt im Blut –
Wer bringt die Kunde vor Königs Ohr?
Keiner hat den Mut.

Thyra Danebod schreitet hinab an den Sund,
Sie hatte die Segel gesehn;
Sie spricht: »Und bangt sich euer Mund,
Ich meld ihm, was geschehn.«
Ab legt sie ihr rotes Korallengeschmeid
Und die Gemme[16] von Opal.
Sie kleidet sich in ein schönes Kleid
Und tritt in Hall und Saal.

In Hall und Saal. An Pfeiler und Wand
Goldteppiche ziehen sich hin.
Schwarze Teppiche nun mit eigener Hand
Hängt drüber die Königin.

Und sie zündet zwölf Kerzen. Ihr flackernd Licht –
Es gab einen trüben Schein,
Und sie legt ein Gewebe, schwarz und dicht,
Auf den Stuhl von Elfenbein.

Ein tritt Gorm Grymme. Es zittert sein Gang,
Er schreitet wie im Traum.
Er starrt die schwarze Hall' entlang,
Die Lichter, er sieht sie kaum.
Er spricht: »Es weht wie Schwüle hier,
Ich will an Meer und Strand,
Reich meinen rotgoldenen Mantel mir
Und reiche mir deine Hand.«

Sie gab ihm um einen Mantel dicht,
Der war nicht golden, nicht rot.
Gorm Grymme sprach: »Was niemand spricht,
Ich sprech es: Er ist tot.«
Er setzte sich nieder, wo er stand,
Ein Windstoß fuhr durchs Haus.
Die Königin hielt des Königs Hand,
Die Lichter loschen aus.

Die Weiber von Winsperg

Nach Adalbert von Chamisso

Als der Staufer Konrad III. im Jahr 1138 zum König erhoben wurde, akzeptierten das die Welfen nicht. So kam es 1140 zu einer Schlacht zwischen ihm und Welf VI. um die Burg Winsperg bei Heilbronn, die in der Hand der Welfen war.

Wochenlang schon belagerte das Heer König Konrads die Burg Winsperg. Konrad wurde allmählich ungeduldig: Hatte er nicht die Schlacht gegen seinen Widersacher, den Welf, gewonnen und damit seinen Anspruch auf Thron und Krone verteidigt? Warum also beugten sich die hoffärtigen Städter nicht, warum ergaben sie sich nicht und öffneten die Tore zu ihrer Burg?

Mit seiner Ungeduld wuchs auch sein Zorn; aber über kurz oder lang mussten sie aufgeben, das wusste er, denn er hatte einen starken Verbündeten auf seiner Seite, und der hieß Hunger. Ja, der Hunger kam mit Macht über die Eingeschlossenen und er wurde von Tag zu Tag nagender. Doch noch quälender war das ungewisse Schicksal, das auf die Verlierer wartete. Zu viele von Konrads besten Streitern hatten sie im Kampf erschlagen, jetzt mussten sie seine Rache fürchten! Und zu lange dauerte auch schon ihr Widerstand, als dass sie auf einen versöhnlichen Sieger hoffen durften. Ihre Sache war aussichtslos.

Wieder einmal blickte Konrad voller Grimm auf die Burg, die sich so störrisch zeigte, da schlüpfte durch eine kleine Seitenpforte eine Schar von Weibern. Sie gingen geradewegs auf König Konrad zu und sprachen: »Durch unsere Hand ist keiner Eurer Männer gefallen. Wir haben ein reines Gewissen. Gewährt uns freien Abzug.«

Als Konrad die verhärmten, abgemagerten Gestalten sah, rührte Mitleid sein Herz und er sagte:

»Die Weiber können abziehen.« Er versprach ihnen darüber hinaus, dass sie von dem Liebsten, was sie ihr Eigen nannten, so viel mitnehmen durften, wie sie tragen konnten. »Ich gebe euch mein Königswort«, sagte er, »darauf ist Verlass.«

Am nächsten Morgen bot sich den Belagerern ein seltenes Schauspiel: Tief gebeugt von der schweren Last auf dem Rücken, schwankte Frau um Frau durch das Tor aus der Burg, auf ihrem Rücken ihr Liebstes, was sie ihr Eigen nannten, ihren Ehemann.

Da begehrten die Soldaten des Königs auf und beschimpften die Weiber, sie hätten die Worte ihres Königs böswillig verdreht, und seine Berater sagten, die Weiber hätten die Huld des Königs arglistig ausgenutzt!

Doch der König schaute nachdenklich auf die tapferen Frauen und sagte dann: »Niemand soll des Königs Wort drehen und deuteln. Wenn ich's auch so nicht gemeint habe, mein Wort gilt. Lasst sie ziehen!«

So haben die Weiber von Winsperg ihren Männern das Leben gerettet.

Von tapferen und getreuen Menschen

# Wilhelm Tell

Nach Brüder Grimm

Wilhelm Tell soll Ende des 13. Jahrhunderts in der Schweiz gelebt haben und war bereits im Mittelalter als legendärer Freiheitskämpfer berühmt. Heute ist er der Nationalheld der Schweiz. Friedrich Schiller verfasste 1804 das gleichnamige Bühnenwerk.

Einmal schickte der habsburgische Kaiser seinen Landvogt [17] Gessler nach Uri in der Schweiz. Dort sollte er eine Zeit lang wohnen und nach dem Rechten sehen.

Eines Tages ließ der Landvogt, der wegen seiner Strenge gefürchtet war, seinen Hut auf einen Stecken hängen, direkt bei der Linde am Marktplatz, wo jeder vorbeigehen musste, und gebot durch öffentlichen Ausruf: Wer an dem Stecken vorüberginge, sollte sich vor dem Hut verneigen, als ob der Herr selber zugegen sei. Übersähe einer den Stecken und folge nicht dem Gebot, den wolle er mit schweren Bußen bestrafen. Ein Knecht musste darauf achten, dass jedermann der Anordnung folgte.

Nun war ein frommer Mann im Lande, der hieß Wilhelm Tell. Er ging an dem Stecken vorbei, ohne sich einmal vor dem Hut zu verneigen. Sofort meldete der Knecht, der bei dem Hut wachte, dem Landvogt das Vergehen.

Gessler ließ Wilhelm Tell vor sich bringen und fragte: »Warum verneigst du dich nicht vor Stecken und Hut, so wie ich es befohlen habe?«

Wilhelm Tell antwortete ihm:

»Lieber Herr, das ist nicht aus böser Absicht geschehen. Ich dachte nicht, dass es Euer Gnaden so wichtig ist und Ihr dem Grüßen eines Steckens so viel Bedeutung beimesst.«

Doch dem Landvogt genügte die Antwort nicht. Nun wusste er, dass Tell

ein sehr guter Schütze war und dass
er hübsche Kinder hatte, die er von
Herzen liebte. So ließ Gessler die Kinder holen, und als sie vor ihm standen, fragte er Tell, welches Kind ihm
das allerliebste wäre. Tell wunderte
sich über die Frage, doch er antwortete: »Ich habe sie alle gleich lieb.«
»Nun, Wilhelm«, sprach daraufhin

der Landvogt, »dann sollst du dich
jetzt bewähren. Man sagt mir, du
seiest der beste Schütze im Lande.
Beweise es mir. Schieße einem deiner
Kinder einen Apfel vom Haupt.
Wenn es dir gelingt, will ich dich als
einen guten Schützen achten und die
Buße sei dir erlassen.«
Tell erschrak bis ins Herz. Er flehte

um Gnade, er wolle alles gerne tun, was man sonst von ihm verlange, nur das bitte nicht. Aber der Landvogt war unerbittlich. Er ließ ihn von seinen Knechten festhalten, damit er nicht fliehen konnte, und legte dann selbst einem Knaben den Apfel aufs Haupt.

Als Wilhelm Tell sah, dass er nicht ausweichen konnte, nahm er einen Pfeil aus seinem Köcher[18], den er auf dem Rücken trug, und steckte ihn vorne in sein Wams[19]. Dann spannte er die Armbrust, nahm einen zweiten Pfeil aus dem Köcher und bat Gott, dass er sein Kind behüten wolle. Daraufhin zielte er und schoss. Der Pfeil durchbohrte den Apfel so, dass er in zwei Hälften auseinanderbrach, das Kind aber blieb unversehrt.

»Das war dein Meisterschuss«, lobte ihn der Landvogt, »nur sag mir noch eins: Warum hast du den ersten Pfeil in dein Wams gesteckt?«

Tell antwortete ausweichend: »Das ist so Schützenbrauch.«

Doch der Landvogt glaubte ihm nicht und drängte auf die richtige Antwort. Tell hatte Angst, ihm die Wahrheit zu offenbaren, und deshalb sagte er: »Erst wenn Ihr mir das Leben zusichert, will ich es Euch sagen.« Der Landvogt versprach es.

Da sagte Tell: »Nun wohl, die Wahrheit ist: Hätte ich den Apfel verfehlt und mein Kind getroffen, so hätte ich den zweiten Pfeil auf Euch gerichtet, und er hätte Euch nicht verfehlt.«

Als der Landvogt das vernahm, rief er zornig: »Ich habe dir zwar das Leben versprochen, aber ich werde dich in die Verbannung schicken, dorthin, wo für dich weder Sonne noch Mond scheinen.« Und er ließ ihn fangen und binden und auf den Nachen[20] bringen, auf dem er selber wieder über den Vierwaldstätter See nach der Stadt Schwyz schiffen wollte.

Als sie auf dem See waren, kam ein stürmischer Wind auf und das Boot fing an zu schwanken und zu schlingern, und alle meinten, elend zugrunde gehen zu müssen.

Da sagte einer der Knechte zum Landvogt: »Der Tell, der versteht sich auf das Wetter. Er ist ein starker, mächtiger Mann, er könnte uns aus der Not helfen.«

Da fragte der Landvogt den Wilhelm Tell: »Willst du uns helfen und dein Bestes tun, so lasse ich dir die Fesseln aufbinden.«

»Ja, gnädiger Herr«, sagte Tell, »ich will es gern tun und ich getrau es mir auch zu.«

Da wurden Tell die Fesseln abgenommen und er stand am Steuer und lenkte den Nachen mit großem Geschick; zwischendurch aber lugte er immer wieder auf seine Armbrust, die nah bei ihm am Boden lag, und sann nach einem Weg in die Freiheit. Als er eine große Felsplatte aus dem Wasser ragen sah, rief er den Ruderern zu, sie sollten nur feste rudern, denn wenn sie die Platte erreicht hätten, hätten sie das Gröbste überwunden.

Die Männer legten sich mächtig in die Riemen und hatten fast den sicheren Felsen erreicht, da ergriff Tell rasch seine Armbrust, tat einen großen Sprung auf die Platte und stieß das Schiff kräftig von sich, sodass es wieder auf den See hinausschwankte.

Im Schutz der dunklen Gebirgswälder lief Wilhelm Tell bis nach Küssnacht. Dort versteckte er sich in einer hohlen Gasse hinter einem Busch und wartete auf den Landvogt, denn er wusste, hier musste Gessler vorbeikommen.

Der kam mit seinen Dienern auch bald angeritten, und Tell hörte in seinem Versteck, wie sie allerlei Anschläge auf ihn planten. Da spannte er die Armbrust und schoss einen Pfeil auf den Landvogt, sodass der tot vom Pferd fiel.

Wilhelm Tell aber lief über die Gebirge bis nach Uri. Dort fand er seine Gesellen wieder und erzählte ihnen, wie es ihm ergangen war.

is Randers

Otto Ernst

Krachen und Heulen und berstende Nacht,
Dunkel und Flammen in rasender Jagd –
Ein Schrei durch die Brandung!

Und brennt der Himmel, so sieht man's gut.
Ein Wrack auf der Sandbank! Noch wiegt es die Flut;
Gleich holt sich's der Abgrund.

Nis Randers lugt – und ohne Hast
Spricht er: »Da hängt noch ein Mann im Mast;
Wir müssen ihn holen.«

Da fasst ihn die Mutter: »Du steigst mir nicht ein!
Dich will ich behalten, du bliebst mir allein,
Ich will's, deine Mutter!

Dein Vater ging unter und Momme, mein Sohn;
Drei Jahre verschollen ist Uwe schon,
Mein Uwe, mein Uwe!«

Nis tritt auf die Brücke. Die Mutter ihm nach!
Er weist nach dem Wrack und spricht gemach:
»Und seine Mutter?«

Nun springt er ins Boot und mit ihm noch sechs:
Hohes, hartes Friesengewächs;
Schon sausen die Ruder.

Boot oben, Boot unten, ein Höllentanz!
Nun muss es zerschmettern …! Nein, es blieb ganz … !
Wie lange? Wie lange?

Mit feurigen Geißeln peitscht das Meer
Die menschenfressenden Rosse daher;
Sie schnauben und schäumen.

Wie hechelnde Hast sie zusammenzwingt!
Eins auf den Nacken des anderen springt
Mit stampfenden Hufen!

Drei Wetter zusammen! Nun brennt die Welt!
Was da? – Ein Boot, das landwärts hält –
Sie sind es! Sie kommen!

Und Auge und Ohr ins Dunkel gespannt …
Still – ruft da nicht einer? – Er schreit's durch die Hand:
»Sagt Mutter, 's ist Uwe!«

Robin Hood

Johannes Carstensen

Obwohl nicht sicher ist, ob der englische Volksheld Robin Hood wirklich gelebt hat, haben sich immer wieder Legenden um ihn gebildet. Es heißt, der Sheriff von Nottingham hätte ihn um Hab und Gut gebracht, und seitdem lebte Robin Hood mit seinen Getreuen als Freiheitskämpfer im Wald, im Sherwood Forest.

Auf dem Thron Wilhelm des Eroberers, der mit seinen Normannen vor drei Menschenaltern Englands Insel unter seine Herrschaft gebracht hatte, saß nun König Richard, der wegen seines hochgemuten, tapferen Wesens den Ehrennamen Löwenherz trug. Den angestammten Sachsen, die seit Jahrhunderten im Lande wohnten und nun die Normannenherrschaft ertrugen, war König Richard ein gerechter, großherziger Herrscher. Er wachte streng darüber, dass die von ihm eingesetzten Grafen und Barone ihre Rechte nicht missbrauchten, und darum anerkannte und schätzte ihn jedermann. Er

hatte die Herzen der unterlegenen Sachsen besonders gewonnen, weil er ihnen alte Rechte – besonders das Jagdrecht – zurückgegeben hatte.

Doch nun befand sich der König außer Landes. Er war auf dem Kreuzzug [3] ins Heilige Land gezogen, und sein Bruder Johann, den er als seinen Stellvertreter eingesetzt hatte, war nur ein schlechter Sachwalter des königlichen Willens.

Er hasste die stolzen Sachsen, weil sie sich nicht der Fremdherrschaft beugen wollten, und darum scheute er sich nicht, ihnen die Rechte zu versagen, die Richard Löwenherz ihnen großzügig eingeräumt hatte. Johann nahm ihnen auch das

Jagdrecht, in dem sie ihre angestammten Ansprüche sahen. »Geht
mit Strenge gegen die Wider-
setzlichen vor und brecht jeden
Trotz!«, gebot er seinen Vögten[17].
Diese Mahnung befolgte mit be-
sonderer Härte der Ritter de Lacy,
der als Sheriff in der festen Stadt
Nottingham waltete.
Blickt man von der Höhe ihrer

Zinnen weit über das englische
Land, so erkennt man in der Ferne
einen dunkelgrünen Waldstreifen.
Das ist der Sherwood, der sich weit
durch das Land zieht. Der Ritter
wendete nur ungern seinen Blick
hinüber, denn mochte er auch Herr
über die weite Stadtumgebung sein:
In den Sherwood Forest reichte seine
Macht nicht; dort herrschte ein

anderer – ein Mann, dem er den Tod geschworen hatte. Robin Hood hieß der Mann; er war das Haupt einer Schar von verwegenen Gesellen, die dem Sheriff von Nottingham, ja selbst dem königlichen Statthalter Prinz Johann manche schlaflose Nacht bereitete.

Doch heute leuchteten die Augen des Sheriffs in grimmiger Freude. Soeben nämlich hatte man ihm drei Gefangene zugeführt, die zu Robins Schar gehörten.

»Ihr kennt das Gesetz«, herrschte er sie an. »Wer in des Königs Wäldern jagt, den trifft die Todesstrafe!« Die drei Männer, die ihm gegenüberstanden, sahen sich ganz auffallend ähnlich; es waren Brüder.

»König Richard hat uns Sachsen die alten Rechte wiederhergestellt!«, rief der älteste von ihnen zornig. »Nach seinem Wort ...«

»Schweig still, du Sachsenlump!«, fauchte ihn der Sheriff an. »König Richard ist weit – hier im Lande gilt

der Befehl des Prinzen Johann, seines hochgeborenen Bruders. Längst hat er sein Jagdrecht verkündet!«

»Ja, rechtlos sind wir!«, fuhr wieder einer der Brüder auf, doch da winkte der Sheriff dem nächststehenden Wächter. Der verstand das Geheiß seines Herrn: Er wendete den schweren Spieß und stieß ihn dem Sachsen in den Rücken, dass der Mann taumelte.

»Führt sie ins Gefängnis!«, befahl der Sheriff hart. »Für Rechtsbrecher be-

darf es keiner Verhandlung. Morgen müssen sie hängen!«

Am Rand des Waldes stand zu dieser Stunde ein Mann im Wams[19] aus grasgrünem Lincolntuch. »Was bringst du für Kunde, Little John«, rief er dem hünenhaften[21] Kerl zu, der auf ihn zueilte.

»Schlechte Kunde, Robin«, versetzte der andere. »Die Brüder Denver sind dem Sheriff in die Hände gefallen, alle drei!« Robin Hood antwortete nicht. So schlechte Botschaft hatte er

noch nie gehört, seit er das Haupt der Schar war.

»Ruf Alin herbei!«, befahl er. Der Waldläufer, den er mit Little John angesprochen hatte, verschwand zwischen den Bäumen. Robin blickte sinnend in die Landschaft: Wie soll ich den Gesellen in die Augen blicken können, wenn ich diese drei prächtigen Burschen im Stich lasse – wenn ich dulde, dass der Sheriff ihnen den Strick um den Hals legt!

Vor ihm stand Alin, der Spielmann. »Ich hab schon von dem Unglück gehört, Robin«, begann er, »was kann ich tun?«

Viele Worte waren hier nicht nötig. »Du musst nach Nottingham hinein, noch heute Abend. Erkunde die Lage! Wir haben keine Zeit zu verlieren.«

Auf Alin, den Spielmann, war Verlass. Er würde sich irgendwie verkleiden, um unbemerkt Einlass zu finden, und würde seine Aufgabe meistern.

Während er sich auf den Weg machte, saß Robin Hood im Kreise seiner Gesellen.

Gespenstisch züngelten die Flammen aus den mächtigen Buchenscheiten und warfen zuckende Schatten zwischen die Bäume. Robin gab Anweisungen. Morgen würde man dem Sheriff von Nottingham wieder einmal zeigen, dass mit entschlossenen Freiheitskämpfern nicht zu spaßen sei.

In aller Frühe waren die Männer von ihren Laubsäcken aufgesprungen, jeder kannte seine Aufgabe. Robin machte sich allein auf den Weg zur Stadt. Da begegnete ihm auf der Landstraße ein Bettler.

»Was gibt's Neues in Nottingham, guter Freund?«, rief Robin ihm zu.

»Neues genug«, versetzte der Alte. »Des Sheriffs Leute haben ein paar von Robin Hoods Männern erwischt, und noch heute sollen sie am Galgen zappeln.«

»Und so ein Schauspiel willst du dir entgehen lassen?«, fragte Robin zurück.

»Ich mag des Sheriffs Gewalttätigkeit nicht ansehen. Und außerdem: Wer weiß, ob alles ruhig abläuft. Das Volk in der Stadt murrt gegen den Zwingherrn. Und ob Robin Hood selber müßig mit ansehen wird, wie seine besten Leute am Querholz baumeln?«

Keiner der normannischen Wächter kümmerte sich um den Bettler, der sich ein paar Stunden später inmitten der aufgeregten Menschenmenge zum Marktplatz drängte. Robin Hood hatte mit dem Mann auf der Landstraße gegen gute Bezahlung die Kleider getauscht. Unbemerkt hatten sich mit ihm auch seine verwegenen Gesellen unter die Zuschauer gemischt.

Auf dem Podest unter dem Galgen stand der Sheriff. Nur mit Mühe kam der Herold [22] zu Wort: »Volk von Nottingham! Der Sheriff, der hier im Namen unseres rechtmäßigen Herrn, des Prinzen Johann, über unsere gute Stadt regiert, tut allem Volk kund und zu wissen: Drei Rechtsbrecher, die gegen die Jagdgesetze verstoßen haben, sollen vom Leben zum Tode befördert werden ...«

»Schande!«, tönte es murrend.

»Elende Knechtschaft!«

Voller Wut blitzten des Sheriffs Augen über die Menge. Drohend standen seine Kriegsknechte.

»... zum Tode befördert werden!«, wiederholte der Herold hart. »Wer

dieses ehrenhafte Geschäft übernehmen will ...«

»Schande!«, tönte es wieder von verschiedenen Seiten.

»... übernehmen will, dem sagt Ritter de Lacy, unser Sheriff, vier blanke Geldstücke zu ...«

Das Murren wollte nicht aufhören. Wieder rief der Herold die Belohnung aus, da drängte sich ein zerlumpter Bettler vor: »Ich will mir das Geld verdienen.«

»Elender Henkersknecht!«, tönte es aus der Menge zum Holzgerüst hinauf. »Geldgieriger Verräter!«, kamen Stimmen von der anderen Seite. Aber einige Zuschauer blickten sich bedeutungsvoll an, sie hatten gemerkt, was hier gespielt wurde. Wie sollte man auch annehmen, dass Robin Hood seine Getreuen im Stich lassen würde? Der Sheriff war froh, in der aufsässigen Menge einen Bereitwilligen gefunden zu haben, denn so wollte es normannische Gepflogenheit, dass ein Freiwilliger das Amt des Henkers vollzog. Er gab dem Herold einen Wink.

»Tu nun, was deines Amtes ist!«,

befahl dieser dem Bettler und wies auf drei Stricke, die bereitlagen.

»Erst muss ich die Beichte dieser armen Teufel hören«, versetzte der neue Henkersknecht unerschütterlich, »so wie es das Gesetz will!«

Voller Ungeduld stampfte de Lacy mit dem Fuß auf, während Robin ruhig mit den Gefangenen flüsterte. Natürlich hatten sie ihn trotz der Bettlerlumpen längst erkannt; jetzt gab er ihnen die letzten Anweisungen.

»Fertig!«, rief der vermeintliche Bettler, richtete sich aus seiner zusammengesunkenen Haltung auf und – riss die Lumpenfetzen herunter! Mit Entsetzen in den Augen war der Sheriff der plötzlichen Verwandlung gefolgt. Vor ihm stand im grasgrünen Gewand leibhaftig der Mann, dessen Bild ihn bis in seine Träume verfolgte – vor ihm stand Robin Hood!

»Packt ihn! Greift ihn!«, brüllte der Sheriff wie von Sinnen. »Verrat! Verrat!« Aber Robin hatte schon sein Horn an den Lippen, dreimal blies er den Freiheitsruf – und dann hielt er das schmale Sachsenschwert in der Faust. Ritter de Lacy, der Sheriff, wich dem drohenden Stoß aus und stolperte nach rückwärts. In der Zuschauermenge war es längst lebendig geworden. Wie durch Zauberhand verschwanden dort Bauernkittel und Mönchskutten, Altweiber-mäntel und Fuhrmannsröcke – und urplötzlich wimmelte es von behänden Gesellen im grasgrünen Wams! Mit den drei Brüdern in der Mitte bildeten Robins tapfere Männer einen Keil, und es gelang ihnen, sich zur Stadt hinaus durchzuschlagen, ehe des Sheriffs Schergen [23] einen Arm zu rühren wagten.

Die getreue Alte

Nach Ludwig Bechstein

Husum liegt in Nordfriesland und Theodor Storm hat die Stadt in einem seiner Gedichte als »Graue Stadt am Meer« bezeichnet. Das Meer hat die Küste im Laufe der Zeit oftmals überrollt und verändert, immer wieder mussten sich die Bewohner gegen Sturmfluten wehren.

Einst sollte zu Husum ein Winterfest auf dem Eise gefeiert werden, denn das Eis war in jenem Jahr besonders dick. Auf der herrlich blanken Fläche zwischen dem Ufer und der Insel Nordstrand wurden also Zelte aufgeschlagen, und Jung und Alt, ja, die ganze Stadt versammelte sich da draußen. Die einen flogen auf ihren Schlittschuhen dahin, andere ließen sich in ihrem Schlitten ziehen, in den Zelten spielten Musiker auf, Tänzer und Tänzerinnen schwenkten sich herum, und die Alten saßen an den Tischen und prosteten sich gegenseitig zu. So verging der Tag und der helle Mond ging auf; aber der Jubel schien nun erst recht anzufangen. Nur ein steinaltes Mütterchen war

allein in der Stadt zurückgeblieben, sie war krank und gebrechlich und konnte ihre Füße nicht mehr gebrauchen. Aber da ihr Häuschen auf dem Deiche stand, konnte sie von ihrem Bett aus auf das Eis hinaussehen und die Freude der anderen betrachten. Wie es nun allmählich Abend wurde, gewahrte sie, als sie so auf die See hinaussah, im Westen ein kleines, weißes Wölkchen, das eben am fernen Horizont aufstieg. Gleich befiel sie große Angst, denn ihr Mann war einst Schiffer gewesen, und von ihm kannte sie die Zeichen der See und verstand sich auf Wind und Wetter. Sie winkte und rief, aber niemand vernahm sie, niemand blickte nach ihr, und die Wolke wuchs zusehends. Sie rechnete nach:

In einer kleinen Stunde wird die Flut da sein, und das wachsende Wölkchen am Himmel war ein Bote des schnell umspringenden Windes von Nord nach West. Dann wird ein Sturm losbrechen. Wenn die Menschen auf dem Eis auch nur eine halbe Stunde zögerten, so war es um sie geschehen, so waren sie verloren, und Husum stünde menschenleer.

Wie die Wolke wuchs! Sie wurde zusehends größer, riesengroß, schwarz! Die Alte spürte schon den aufkommenden lauen Windhauch und ihre Angst wurde unsäglich. Sie war allein, krank, halb gelähmt, machtlos. Und doch raffte sie sich in ihrer Angst auf, kroch auf Händen und Füßen zum Ofen, nahm ein glühendes Scheit, zündete ihr eigenes Bett an und kroch mühsam zur Tür des Häuschens hinaus.

Blitzschnell zündelten die Flammen durchs Haus, rasch schlugen sie aus dem Fenster, hinauf zum Dach! Der aufkommende Wind fachte die hell auflodernde Glut an, und »Feuer!«,

»Feuer!« schrie es auf dem Eise, die Menschen stürzten aus den Zelten, die Schlittschuhläufer flogen dem Strand zu, die Schlitten kamen hastig vom Eis.

Da fauchte auch schon der Sturm über die Eisfläche, da pochte es darunter, da knirschte und polterte es und wie Kanonendonner krachte das Eis in der Ferne.

Die riesengroße schwarze Wolke schob sich vor den Mond und überzog drohend den ganzen Himmel. Wie ein Leuchtturm aber flammte das Haus der Witwe in der Dunkelheit und zeigte den heimwärts Eilenden den sicheren Weg vom Eis.

Kaum waren die letzten am Strande, rollte die Flut ihre Wogen über das Eis und riss Zelte und Tonnen, Tische und Bänke, Wagen und Schlitten in ihre rauschenden Wirbel.

Die arme Alte hatte ihr Häuschen geopfert, um die Bewohner ihrer Stadt zu retten. Es wird ihr nicht unvergolten geblieben sein.

Von geheimnisvollen Menschen und Orten

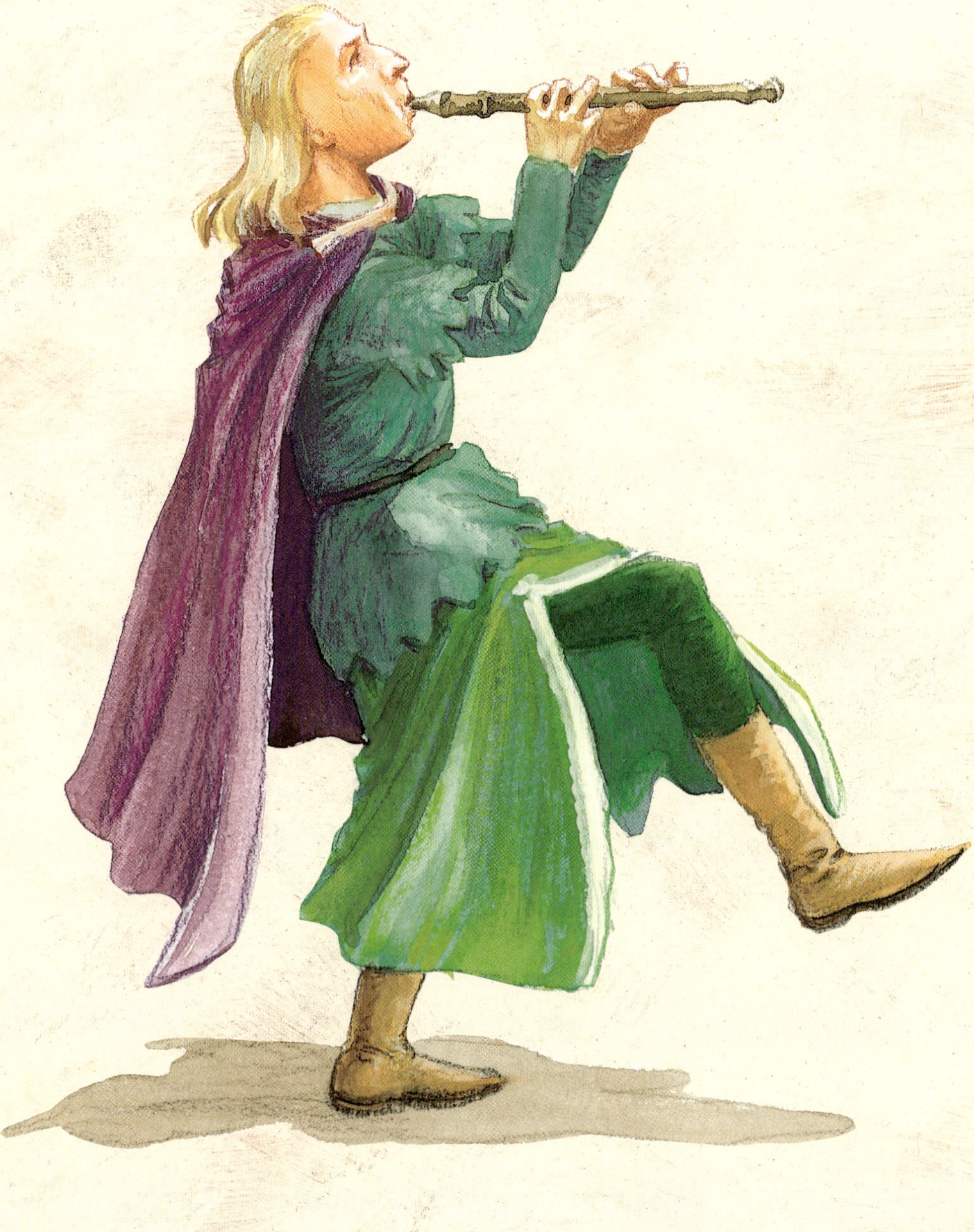

Der Fliegende Holländer

Nach Ludwig Bechstein

In vielen Varianten wurde dieses »Seemannsgarn«, das sind frei erfundene oder reichlich übertriebene Geschichten, mündlich verbreitet, bevor es in Sagen und Erzählungen niedergeschrieben wurde. Die berühmteste Fassung ist wohl die gleichnamige Oper von Richard Wagner, die 1843 in Dresden uraufgeführt wurde.

Im Lande Limburg liegt ein altes Schloss, Falkenberg genannt, darin soll es spuken und umgehen. Eine Stimme ruft klagend »Mörder! Mörder!« in alle vier Himmelsrichtungen, und obwohl zwei kleine Flämmchen vor der Stimme herflackern, kann keiner den Rufer sehen. So ist das schon seit sechshundert Jahren.

Damals stand das Schloss Falkenberg noch in seinem Glanz, und zwei Brüder wohnten darin, Waleram und Reginald.

Beide liebten sie Alix, die schöne Tochter des Grafen von Kleve.

Als Alix den Grafen Waleram zu ihrem Gemahl erkor, wurde eine glänzende Hochzeit gefeiert. Aber so glücklich Waleram war, so verbittert war der verschmähte Reginald, und der Rachegeist versteinerte sein Herz. Er konnte das Glück der Liebenden nicht ertragen, ihr Anblick war ihm verhasst und sein Hass wuchs von Stund zu Stund. So lauerte er den beiden auf und ermordete sie.

Im Todeskampf griff Waleram in des Bruders Mordwaffe, verletzte sich die Hand und schlug die blutende Hand Reginald ins Gesicht. Dann sank er tot zurück. Bevor Reginald floh, schnitt er sich vom Haupt der erdolchten Braut eine Locke ab und steckte sie ein.

Nicht allzu weit vom Schloss Falkenberg entfernt lebte im Wald ein frommer Einsiedler, dessen Klause

neben einer kleinen Kapelle stand. Um Mitternacht klopfte es an seiner Tür und jemand begehrte Einlass im Namen des Himmels. Es war Reginald. Auf seinem Gesicht war die blutige Spur von Walerams Hand unauslöschlich sichtbar. Sein Hass war verflogen und jetzt marterte ihn die Reue. Er beichtete dem Einsiedler seine schwere Schuld. Der Einsiedler sagte nichts, er führte ihn schweigend in die Kapelle, kniete vor dem Altar nieder und betete mit ihm die ganze Nacht. Am anderen Morgen gebot der Einsiedler dem Grafen Reginald von Falkenberg: »Wandert als büßender Pilger nach Norden und immer weiter nach Norden, bis Ihr keine Erde mehr unter den Füßen habt. Dann wird Euch durch ein Zeichen offenbart, was Ihr weiter zu tun habt.«

Da senkte Reginald den Kopf und sprach kein anderes Wort als Amen! Er verbrannte an der ewigen Ampel des Altars Alixens Locke und ging von dannen, immer gen Norden, und büßte und betete.

Am ersten Tage gesellten sich zwei Gestalten zu ihm, eine weiße, die zu seiner Rechten ging, und eine schwarze zu seiner Linken; die zur Rechten bestärkte ihn im Büßen und Beten, die zur Linken aber flüsterte ihm zu, es doch sein zu lassen und lieber die Freuden der Welt zu genießen. So kämpften sie um seine Seele, und dieser Kampf, den er im Herzen fühlte und mitkämpfte, war seine Buße.

Tagelang ging er, wochenlang, monatelang, bis er am Meer ankam. Als er am Wasser stand und nicht mehr weitergehen konnte, weil keine Erde mehr da war, worauf er seine Füße hätte setzen können, fuhr ein Nachen [20] heran. Darin saß einer, der winkte Reginald und sprach: »Te exspectamus!«, das heißt: Wir erwarten dich.

Das war das Zeichen, von dem der Einsiedler gesprochen hatte!

Reginald stieg in den Kahn, und die zwei Gestalten, die ihn bis hierher begleitet hatten, folgten ihm. Der Mann im Nachen stieß vom Ufer ab und ruderte zu einem großen Schiff, das weiter draußen im Meer ankerte. Es hatte alle Segel aufgespannt und alle Flaggen aufgezogen, doch niemand war zu sehen.

Kaum waren die drei an Bord, verschwand der Nachen, der Anker wurde wie von unsichtbarer Hand hochgezogen und das Schiff segelte durch das Meer.

Reginald ging unter Deck, noch immer sah er niemanden von der Besatzung, das Schiff war menschenleer. In der Kajüte aber stand eine Tafel [24] und Stühle und die drei setzten sich. Da zog die schwarze Gestalt drei beinerne [25] Würfel hervor, legte sie auf den Tisch und sprach: »Jetzt wollen wir um deine Seele würfeln bis zum Jüngsten Tag [26].«

Und das tun sie noch heute:

Ohne Ruder und ohne Steuer, mit geblähten Segeln jagt das Schiff durch die Weltmeere. In der Nacht wabern Flammen auf seinen Masten und tanzen auf den Rahen [27] entlang.

Die Segel sind grau wie Asche, die Flaggen sind fahl wie ausgebleichte Bänder an Totenkränzen.

Das Deck ist leer, kein Kapitän, kein Steuermann ist zu sehen. Das Schiff verheißt allen Schiffen, denen es begegnet, Fluch und Unheil.

Selbst bei Windstille fliegt es wie ein Pfeil über das glatte, ruhige Wasser.

So mancher Schiffer hat es gesehen und Grausen hat ihn erfasst.

Sie nennen das Geisterschiff den »Fliegenden Holländer«.

Loreley

Heinrich Heine

*Schon im Mittelalter war der am rechten Rheinufer bei St. Goarshausen auf-
ragende Loreleyfelsen weithin bekannt. Woher der Name stammt, ist umstrit-
ten. »Ley« wurde der dort vorkommende Schiefer genannt, »Lore« bedeute-
te »Rauschen« oder »Murmeln«. Viele Dichter nahmen sich des Themas an.
Friedrich Silcher vertonte die 1824 entstandene Ballade von Heinrich Heine,
und das Lied wurde weltweit eins der bekanntesten Rheinlieder.*

Ich weiß nicht, was soll es bedeuten,
Dass ich so traurig bin,
Ein Märchen aus alten Zeiten,
Das kommt mir nicht aus dem Sinn.

Die Luft ist kühl und es dunkelt,
Und ruhig fließt der Rhein,
Der Gipfel des Berges funkelt
Im Abendsonnenschein.

Die schönste Jungfrau sitzet
Dort oben wunderbar,
Ihr goldnes Geschmeide[28] blitzet,
Sie kämmt sich ihr goldenes Haar.

Sie kämmt es mit goldenem Kamme
Und singt ein Lied dabei,
Das hat eine wundersame,
Gewaltige Melodei.

Den Schiffer im kleinen Schiffe
Ergreift es mit wildem Weh;
Er schaut nicht die Felsenriffe,
Er schaut nur hinauf in die Höh.

Ich glaube, die Wellen verschlingen
Am Ende Schiffer und Kahn;
Und das hat mit ihrem Singen
Die Loreley getan.

er Rattenfänger von Hameln

Nach Ludwig Bechstein

»Der Rattenfänger von Hameln« ist eine in mehr als 30 Sprachen übersetzte Sage. Der historische Kern lässt sich nicht mit letzter Sicherheit ermitteln. Es dürften junge Hamelner gewesen sein, die im Mittelalter angeworben wurden, um in der Region Prignitz und Uckermark zu siedeln. Für diese These spricht, dass der Name des Ortes Hamelspringe, in der Nähe von Hameln gelegen, als Hammelspring im Landkreis Uckermark auftaucht.

Es geschah im Jahre 1284, da kam ein Mann von wunderlichem Aussehen und in bunter Tracht nach Hameln. Er stellte sich dem Rat der Stadt als Rattenfänger vor und erbot sich, die ganze Stadt von Ratten und Mäusen zu befreien, wenn man ihm dafür einen bestimmten Geldbetrag gäbe. Da die Plage des Ungeziefers im Laufe der letzten Jahre stark zugenommen hatte, waren die Bürger von Hameln froh um das Angebot, und dem Rattenfänger wurde das Geld gerne vom Hohen Rat und der Bürgerschaft zugesichert.

Nachdem man sich also handelseinig geworden war, zog der Mann ein Pfeifchen aus dem Umhang, schritt durch große und kleine Gassen und pfiff. Und siehe, in Scharen kamen die Ratten und Mäuse aus den Häusern gesprungen und liefen ihm hinterher. Nachdem nun der Rattenpfeifer durch alle Gassen gegangen war, wanderte er mit seinem grauen Gefolge durch das Wesertor hinunter zum Fluss. Dort schürzte[29] er sein Gewand und ging in das Wasser. Die Ratten und Mäuse folgten ihm blindlings nach und ersoffen.

Nun waren aber die Bürger von Hameln damals geradeso erschreckend klug, wie es viele Menschen noch heutzutage sind – und das nicht nur in Hameln.

Sie sahen nicht die Kunst und Wissenschaft des Rattenfängers, sondern nur die Arbeit, die er tat.

Deshalb sprachen sie unter sich: »Es ist doch sündhaft viel Geld, was dieser Rattenfänger verlangt. Dabei hatte er doch gar keine Mühe! Ja – wenn er Fallen gestellt hätte und Gift ausgelegt in jedem Haus, das ließe sich hören. Aber so!

Und ist es nicht verwerflich, dass er das Ungeziefer in die Weser gelockt hat, wo es jetzt die Fische fressen?

Da mag ein anderer nun die Fische essen, wir bedanken uns dafür! Und wie hat er das Ganze bewerkstelligt? Mit einem Satanskunststück! Vielleicht kommen die Ratten ja wieder, wenn er mit dem Geld fort ist. Es genügt, wenn wir ihm die Hälfte des Geldes geben. Und wenn er damit nicht zufrieden ist, so wollen wir ihn wegen Zauberei in den Turm sperren und abwarten, ob die Ratten wiederkommen.«

So beratschlagten die weisen und höchst sparsamen Bürger und Ratsherren und unterbreiteten dann dem Rattenfänger ihren Vorschlag. Da nahm der Künstler schweigend die Hälfte des ausgehandelten Geldes und ging im Zorn davon.

Es war am Tage Johannis und Pauli, alle Leute waren in der Kirche, da wurde derselbe Rattenfänger wieder in Hameln gesehen, diesmal in der Tracht eines Jägers mit einem wunderlichen roten Hut. Er schritt durch alle Gassen und pfiff. Aber da kamen diesmal keine Ratten und Mäuse, denn die waren ja ein für alle Mal vertrieben, da kamen die Kinder vom vierten Jahr an! Sie alle liefen dem Rattenfänger nach, und mittendrin lief die Tochter des Bürgermeisters, der hatte den Rattenfänger am ärgsten von allen bedroht.

Die Kinder folgten ihm mit großer Freude und Spaß. Am Ende des Zuges gingen ein blindes Mädchen und ein stummer Knabe.

Der Stumme ging neben der Blinden und sie kamen nur langsam voran. Hinter ihnen kam noch eine Kindsmagd, die ein Kind im Mantel trug; auch sie wollte sehen, wohin es ginge.

Der Schwarm Kinder zog mit dem Jäger die schmale Gasse zum Ostertor hinauf und dann hinaus zum Koppelberg. Als der Pfeifer bei ihm angelangt war, tat der Berg sich auf; der Pfeifer ging voran und die Kinder folgten ihm. Bevor aber die Blinde und der Stumme ankamen, tat sich der Berg mit einem Male wieder zu, sodass die beiden draußen blieben.

Die Kindsmagd, die alles aus sicherer Entfernung mitangesehen hatte, lief zur Stadt zurück und schrie, dass die Kinder von dem Berg verschlungen worden seien. Voller Angst eilten die Eltern zum Koppelberg, doch nur eine schmale Schlucht deutete auf das Unglück hin. Einhundertdreißig Kinder waren verschwunden. Nun war ein herzzerreißendes Jammern und Wehklagen unter den Leuten, doch die Kinder blieben verschwunden und man sah sie nie wieder.

Aufs Neue wurde offenbar, dass blödsinniger Geiz und törichte Sparsucht die Wurzeln allen Übels sind.

Der Reiter und der Bodensee

Gustav Schwab

Am 5. Januar 1573, so ist überliefert, ritt der Elsässer Postvogt Andreas Egglisperger über den zugefrorenen Bodensee nach Überlingen. Das äußerst seltene Ereignis der »Seegfröni«, wie es im alemannischen Dialekt heißt, wenn der See von einem Ufer zum anderen zufriert, inspirierte den Dichter Gustav Schwab 1826 zu seiner Ballade.

Der Reiter reitet durchs helle Tal,
Auf Schneefeld schimmert der Sonne Strahl.

Er trabet im Schweiß durch den kalten Schnee,
Er will noch heut an den Bodensee;

Noch heut mit dem Pferd in den sichern Kahn,
Will drüben landen vor Nacht noch an.

Auf schlimmem Weg, über Dorn und Stein,
Er braust auf rüstigem Ross feldein.

Aus den Bergen heraus, ins ebene Land,
Da sieht er den Schnee sich dehnen wie Sand.

Weit hinter ihm schwinden Dorf und Stadt,
Der Weg wird eben, die Bahn wird glatt.

In weiter Fläche kein Bühl, kein Haus,
Die Bäume gingen, die Felsen aus;

So flieget er hin eine Meil und zwei,
Er hört in den Lüften der Schneegans Schrei;

Es flattert das Wasserhuhn empor,
Nicht anderen Laut vernimmt sein Ohr;

Keinen Wandersmann sein Auge schaut,
Der ihm den rechten Pfad vertraut.

Fort geht's, wie auf Samt, auf dem weichen Schnee,
Wann rauscht das Wasser, wann glänzt der See?

Da bricht der Abend, der frühe, herein:
Von Lichtern blinket ein ferner Schein.

Es hebt aus dem Nebel sich Baum an Baum
Und Hügel schließen den weiten Raum.

Er spürt auf dem Boden Stein und Dorn,
Dem Rosse gibt er den scharfen Sporn.

Und Hunde bellen empor am Pferd
Und es winkt im Dorf ihm der warme Herd.

»Willkommen am Fenster, Mägdelein,
An den See, an den See, wie weit mag's sein?«

Die Maid, sie staunet den Reiter an:
»Der See liegt hinter dir und der Kahn.

Und deckt' ihn die Rinde von Eis nicht zu,
Ich spräch, aus dem Nachen[20] stiegest du.«

Der Fremde schaudert, er atmet schwer:
»Dort hinten die Ebne, die ritt ich her!«

Da recket die Magd die Arm' in die Höh:
»Herr Gott! So rittest du über den See:

An den Schlund, an die Tiefe bodenlos,
Hat gepocht des rasenden Hufes Stoß!

Und unter dir zürnten die Wasser nicht?
Nicht krachte hinunter die Rinde dicht?

Und du wardst nicht die Speise der stummen Brut,
Der hungrigen Hecht' in kalter Flut?«

Sie rufet das Dorf herbei zu der Mär,
Es stellen die Knaben sich um ihn her.

Die Mütter, die Greise, sie sammeln sich:
»Glückseliger Mann, ja, segne du dich!

Herein zum Ofen, zum dampfenden Tisch,
Brich mit uns das Brot und iss von dem Fisch!«

Der Reiter erstarret auf seinem Pferd,
Er hat nur das erste Wort gehört.

Es stocket sein Herz, es sträubt sich sein Haar,
Dicht hinter ihm grinst noch die grause Gefahr.

Es siehet sein Blick nur den grässlichen Schlund,
Sein Geist versinkt in den schwarzen Grund.

Im Ohr ihm donnert's wie krachend Eis,
Wie die Well' umrieselt ihn kalter Schweiß.

Da seufzt er, da sinkt er vom Ross herab,
Da ward ihm am Ufer ein trocken Grab.

Lohengrin

Nach Brüder Grimm

Der Vater Lohengrins war Parzival, einer der Gralshüter am Hofe von König Artus. Der Gral, so sagt man, ist ein wundertätiges, rätselhaftes Gefäß, das nicht nur ewiges Leben spenden kann, er vernimmt auch, wenn jemand dringend Hilfe braucht. Nur die besten und tugendhaftesten[30] Ritter waren dazu ausersehen, dem Gral zu dienen. Alle anderen scheiterten.

Wehklagen hing über dem Land: Der Herzog von Brabant und Limburg lag im Sterben. Seinen Untertanen war er immer ein gerechter Regent[31] gewesen; seinem Kaiser hatte er sein Leben lang redlich und furchtlos gedient und in jungen Jahren so manche Schlacht für ihn geschlagen. Nun aber war er alt. Er wusste, seine Zeit war gekommen, und er fürchtete den Tod nicht. Das Einzige, was ihn bedrückte, war, dass er keinen anderen Erben als seine blutjunge Tochter Elsa hinterließ. Würden seine Vasallen[32] sie nach seinem Tod als Herzogin anerkennen oder würde ein Streit um die Macht entbrennen?

Schon auf dem Totenbett, ließ der Herzog seinen engsten Vertrauten, Graf Friedrich von Telramund, noch einmal zu sich rufen, und er nahm ihm das Versprechen ab, seiner Tochter ein genauso treuer Diener zu sein, wie er es für ihn gewesen war. Unter Tränen schwor Telramund seinem Herzog, nicht nur Elsa mit Rat und Tat zur Seite zu stehen und gegen mögliche Widersacher zu verteidigen, sondern auch dem neuen Herrscher, so sie heiratete, stets treu ergeben zu sein. Nun war die Sorge um sein Land vom Herzog genommen, und er konnte in Frieden sterben.

Die Zeit der Trauer war kaum vor-

bei, da warb Graf Telramund öffentlich um die Hand der jungen Herzogin; auch das Volk meinte, sie solle möglichst rasch heiraten, damit es zu keinen Unruhen käme. Aber Elsa wies ihn empört zurück, niemals würde sie seine Frau. Friedrich lachte sie aus und streute im ganzen Land die Lüge aus, dass sie ihm die Ehe gelobt hatte.

»Wie niederträchtig Ihr seid!«, rief Elsa, »habt Ihr meinem Vater nicht die Treue über den Tod hinaus geschworen? Ich liebe Euch nicht und werde Euch niemals zum Gemahl nehmen.«

Doch alles Weigern half ihr nicht. Telramund verklagte Elsa bei Kaiser Heinrich dem Vogler und behauptete dreist, noch am Sterbebett hätte er dem Herzog versprochen, Elsa zu heiraten.

Wem sollte der Kaiser glauben? Er kannte den Grafen als ehrlichen Diener des Reiches und als unerschrockenen Helden, der einst zu Stockholm in Schweden einen Drachen getötet hatte. Elsa dagegen war berühmt für ihre aufrechte, keusche Lebensart, und der Kaiser mochte sie. Aber er wusste auch, seine privaten Gefühle durften keine Rolle spielen, dafür war der Streit zu politisch, hier ging es um die Nachfolge des Herzogs.

Nach Abwägen aller Beteuerungen beider Seiten sprach der Kaiser Recht. »Hier versagt Menschenweisheit«, sagte er, »das Urteil soll in Gottes Hand liegen.« Und er befahl einen Kampf zwischen Telramund und einem Helden, der sich für Elsa einsetzte.

Der Ausgang dieses Gottesgerichts war dann für beide bindend. Eine Woche hatte Elsa Zeit, den Ritter zu benennen, der für sie in den Kampf zog. Doch kein Edelmann wollte gegen den kampferprobten Grafen Telramund antreten. Die Zeit verstrich und Elsa betete inbrünstig um Rettung.

Da sah sie eines Tages einen Schwan den Fluss heraufkommen, der ein Schifflein hinter sich herzog.

Der Schwan lenkte den Kahn zu ihr ans nahe Ufer, und jetzt gewahrte sie auch den Mann darin, der auf seinem Schild zu schlafen schien, der Kleidung nach offensichtlich ein Adliger, ein prächtiger Ring funkelte an seiner Hand. Kaum war der Kahn am Ufer, wachte der Mann auf und sprang an Land.

Herzlich wurde er von Elsa empfangen, denn ihr gefiel, was sie sah: einen stattlichen, hübschen, jungen Ritter mit wachen, freundlichen Augen, und so lud sie ihn auf ihr Schloss ein.

Der Unbekannte bedankte sich, und nachdem er seinen Helm, den Schild, das Schwert und sein Horn ans Ufer getragen hatte, befahl er dem Schwan, wieder fortzuziehen. Dann folgte er Elsa zum Schloss hinauf.

Unterwegs sagte er zu Elsa: »Ihr sprecht heiter mit mir, doch Eure Augen sind tränenschwer.« Und Elsa erzählte ihm von dem großen Unrecht, das ihr bald schon widerfahren sollte, da verbeugte sich der Ritter ehrerbietig und sprach: »Mein Name ist Lohengrin. Gerne werde ich Ihr Kämpfer sein!« Elsa nahm sein Anerbieten nicht nur überglücklich an, sie ließ auch Kaiser Heinrich sofort wissen, dass sie einen Helden gefunden habe, der für ihre Sache kämpfen wollte, und Heinrich wiederum bestimmte die Stadt Mainz als Austragungsort.

Als der Tag gekommen war, an dem die Entscheidung fallen sollte, zog Elsa mit großem Gefolge in die Stadt ein, und viele der anwesenden Ritter freuten sich heimlich auf einen langen, erbitterten Kampf zwischen Telramund und dem Unbekannten.

Doch tatsächlich war der Kampf nur von kurzer Dauer, denn Lohengrin überwand den Grafen schon mit wenigen Schwerthieben und zwang ihn zu gestehen, dass er den Kaiser angelogen hatte.

Als der Kaiser seine Beichte hörte, rief er erbost: »Du hast Kaiser und Herzogin angelogen, weil du dir das Herzogtum erschleichen wolltest! Du weißt, was für eine Strafe auf Meineid steht!«

Und so wurde Friedrich von Telramund noch am selben Tage mit dem Beil hingerichtet.

Aus Dankbarkeit für seine Heldentat lud Elsa den Ritter ein, auf ihrer Burg zu bleiben, so lange er wolle. Bald schon hatte Lohengrin Gefallen an Elsa gefunden, und es dauerte nicht lange, da gestanden sich beide ihre Liebe zueinander.

So wurde eine prächtige Hochzeit gefeiert, die drei Tage dauern sollte. Vor der Trauung aber nahm Lohengrin seine Braut beiseite und nahm ihr ein Versprechen ab. »Frage nie nach meiner Herkunft«, bat er sie, »du zerstörst sonst unser Glück.« Elsa versprach es ihm voller Vertrauen, denn sie liebte ihn sehr.

So lebten die Eheleute viele Jahre in großer Zuneigung zueinander, und Elsa gebar zwei Söhne, Johann und Lohengrin. Herzog Lohengrin aber regierte weise und mächtig das Land und stand treu zu dem Kaiser, denn er leistete ihm auf dessen Kriegszügen gegen die Hunnen große Dienste.

Doch wo so viel Glück und Segen ist, stellt sich auch Neid ein.

An einem späten Herbsttag, als die Adligen sich im ritterlichen Speerkampf maßen, stach Lohengrin den Herzog von Kleve vom Pferd, und der fiel so unglücklich, dass er sich einen Arm brach. Seine Frau, die Herzogin von Kleve, die mit anderen Edeldamen dem sportlichen Kräftemessen zuschaute, war darüber sehr verärgert, und sie flüsterte halblaut: »Kühn ist er ja, der Ritter Lohengrin. Schade nur, dass er von geringem Adel ist.

Wäre es anders, könnte er es ja sagen. Nicht hoch zu Ross, nein, mit einem Schwan ist er gekommen und ganz ohne Diener, von wo, frag ich mich, kommt er, aus welchem Land? Was hat er zu verbergen?« Elsa, die Herzogin von Brabant, hatte alles gehört, und die Worte kränkten sie sehr.

Aber sie dachte an ihr Versprechen und errötete vor Scham und auch aus Wut, dass sie der Klatschbase keine passende Antwort geben konnte.

In dieser Nacht weinte sie vor Kummer und Lohengrin fragte sie nach dem Grund. Aber Elsa sagte nur: »Die Klever Herzogin hat mich zum Weinen gebracht!«

Lohengrin tröstete seine Frau, fragte aber wohlweislich nicht weiter nach dem Grund, um sie nicht in Bedrängnis zu bringen.

In der zweiten Nacht weinte Elsa wieder, weil sie nicht wusste, wie sie der neidischen Herzogin begegnen sollte. Und wieder konnte Lohengrin sie trösten, ohne sein Geheimnis preiszugeben.

In der dritten Nacht aber hielt es Elsa nicht mehr aus, und unter Tränen sprach sie: »Wir leben jetzt schon so viele Jahre glücklich zusammen. Sollten wir uns nicht vertrauen? Ich wüsste gerne, woher du kommst, allein schon, um den Klatschweibern den Mund zu stopfen, denn ich spüre, dass du von hohem Adel bist.«

Da seufzte Lohengrin tief auf, er nahm Elsa in die Arme und sagte: »Oh, Elsa, nun hast du all unser Glück zerstört.«

Am nächsten Tag ließ er die Ritter und ihre Edelfrauen auf dem Burgplatz zusammenkommen und erklärte öffentlich, woher er stamme, dass Parzival sein Vater sei und dass die Gralshüter, als sie Elsas Flehen am Gral vernommen hatten, ihn zu ihrer Rettung ausgeschickt hatten.

Dann nahm er seine beiden Kinder in den Arm, küsste sie und übergab ihnen sein Horn und sein Schwert.

»Hebt beides gut auf«, befahl er ihnen. Der Herzogin steckte er den Ring an den Finger, den ihm einst seine Mutter geschenkt hatte. Als er das getan hatte, ging er hinunter ans Ufer des Flusses und rief. Kaum waren seine Worte verklungen, kam der Schwan angeschwommen.

Lohengrin stieg in den Kahn und der Schwan legte ab. Schon schwamm er in der Mitte des Flusses, und kurz darauf waren Schwan, Schiff und Mann am Horizont verschwunden.

Ohnmächtig sank Elsa am Ufer nieder, und es dauerte Tage, bis sie wie-

der zu sich kam, aber danach versank
sie so in ihrem Kummer, dass sich
der Kaiser ihrer Söhne, der beiden
Halbwaisen Johann und Lohengrin,
annehmen musste.
Ihr ganzes Leben lang weinte und
wehklagte Elsa um ihren geliebten
Gemahl.

Von Geistern, Teufeln und Zauberern

Der Zauberlehrling

Johann Wolfgang von Goethe

Die Ballade entstand 1791; 1897 wurde sie von Paul Dukas vertont, und diese Vorlage inspirierte Walt Disney zu dem Zeichentrickfilm »Fantasia«.

Hat der alte Hexenmeister
Sich doch einmal wegbegeben!
Und nun sollen seine Geister
Auch nach meinem Willen leben!
Seine Wort und Werke
Merkt ich und den Brauch,
Und mit Geistesstärke
Tu ich Wunder auch.

Walle! walle
Manche Strecke,
Dass, zum Zwecke,
Wasser fließe
Und mit reichem, vollem Schwalle
Zu dem Bade sich ergieße!

Und nun komm, du alter Besen,
Nimm die schlechten Lumpenhüllen!
Bist schon lange Knecht gewesen,
Nun erfülle meinen Willen!
Auf zwei Beinen stehe,
Oben sei ein Kopf,
Eile nun und gehe
Mit dem Wassertopf!

Walle! walle
Manche Strecke,
Dass, zum Zwecke,
Wasser fließe
Und mit reichem, vollem Schwalle
Zu dem Bade sich ergieße!

Seht, er läuft zum Ufer nieder;
Wahrlich! ist schon an dem Flusse,
Und mit Blitzesschnelle wieder
Ist er hier mit raschem Gusse.
Schon zum zweiten Male!
Wie das Becken schwillt!
Wie sich jede Schale
Voll mit Wasser füllt!

Stehe! Stehe!
Denn wir haben
Deiner Gaben
Vollgemessen! –
Ach, ich merk es! Wehe! wehe!
Hab ich doch das Wort vergessen!

Ach, das Wort, worauf am Ende
Er das wird, was er gewesen!
Ach, er läuft und bringt behände!
Wärst du doch der alte Besen!
Immer neue Güsse
Bringt er schnell herein,
Ach, und hundert Flüsse
Stürzen auf mich ein.

Nein, nicht länger
Kann ich's lassen;
Will ihn fassen.
Das ist Tücke!
Ach, nun wird mir immer bänger!
Welche Miene, welche Blicke!

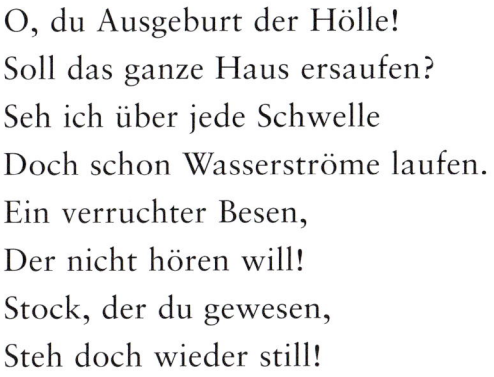

O, du Ausgeburt der Hölle!
Soll das ganze Haus ersaufen?
Seh ich über jede Schwelle
Doch schon Wasserströme laufen.
Ein verruchter Besen,
Der nicht hören will!
Stock, der du gewesen,
Steh doch wieder still!

Willst's am Ende
Gar nicht lassen?
Will dich fassen,
Will dich halten
Und das alte Holz behände
Mit dem scharfen Beile spalten.

Seht, da kommt er schleppend wieder!
Wie ich mich nur auf dich werfe,
Gleich, o Kobold, liegst du nieder;
Krachend trifft die glatte Schärfe.
Wahrlich, brav getroffen!
Seht, er ist entzwei!
Und nun kann ich hoffen
Und ich atme frei!

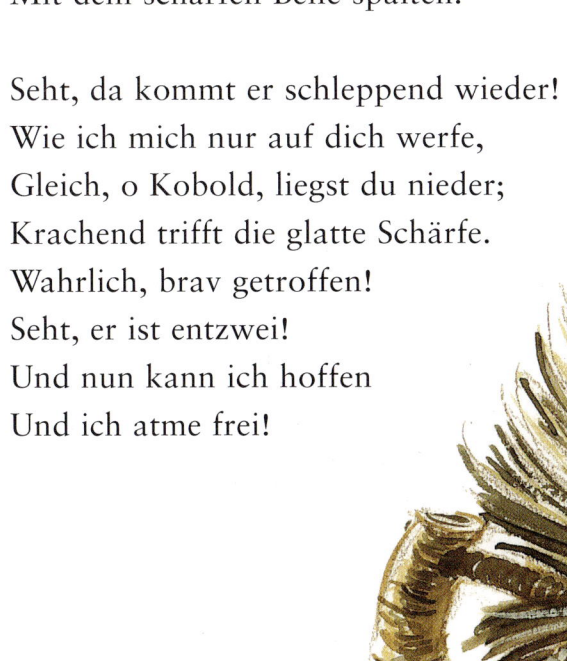

111

Wehe! wehe!
Beide Teile
Stehn in Eile
Schon als Knechte
Völlig fertig in die Höhe!
Helft mir, ach, ihr hohen Mächte!

Und sie laufen! Nass und nässer
Wird's im Saal und auf den Stufen.
Welch entsetzliches Gewässer!
Herr und Meister! Hör mich rufen! –
Ach, da kommt der Meister!
Herr, die Not ist groß!
Die ich rief, die Geister,
Werd ich nun nicht los.

»In die Ecke,
Besen! Besen!
Seid's gewesen!
Denn als Geister
Ruft euch nur zu diesem Zwecke
Erst hervor der alte Meister.«

Wie Rübezahl sich als einsamer König begraben lässt

Nach Carl Hauptmann

Der Sage nach ist Rübezahl ein launischer Berggeist, der im Riesengebirge und den Sudeten zu Hause ist. Guten und armen Menschen hilft er gern, oft beschenkt er Kinder. Mit hochmütigen und geizigen Menschen aber treibt er oft seinen Spott.

Wieder einmal war es Herbst, und im Schlesierland feierte man das Kirchfest. So auch in der Stadt Schmiedeberg.

Zu diesem Fest war Rübezahl wie ein großer Herr in einer zweispännigen Kutsche in die Stadt eingefahren. Er hatte kostbare Hüllen und Decken in das Gasthaus am Markte tragen lassen und einen gewaltigen, blank beschlagenen Lederkoffer. Und weil auf diesem ein großes Wappen prunkte, dachten die Bürger, er wäre ein Fürst oder gar ein König. Der Gastwirt hieß den vermeintlich hohen Gast mit vielen Bücklingen[33] willkommen, während er heimlich auf den prächtigen Reisekoffer schielte.

Rübezahl war es gerade recht für ein Späßchen, denn nichts tat er lieber, als einfältige Menschen ein wenig an der Nase herumzuführen.

Also ließ sich Rübezahl wie ein König bedienen. Ab und an saß er in einem purpurnen Mantel da und spielte gedankenverloren mit einer Goldkrone voll blinkender Edelsteine, die er vor den Augen des Wirtes aus dem gewaltigen Koffer herausgenommen hatte. Und wie es so geht: Gar bald wusste die ganze Stadt von dem unermesslichen Reichtum des fremden Edelmannes. Vom Ratsherrn bis zum kleinsten Gassenjungen herab drängten sich die Bürger um die Fenster des Gasthauses, um ja mitzukriegen, was darinnen passierte.

Aber Rübezahl saß nur da und legte,

solange der Wirt oder die Dienstleute um den hohen Gast herumgingen, die goldene Krone nicht aus den Händen. Wenn ihm wie zufällig in den Sinn kam, dem Wirt eine besondere Gnade anzutun, griff er mit seinen ringgeschmückten Händen, gleichsam wie nur mit sich beschäftigt, in seinen Prunkkoffer hinein, um die wunderbarsten Kleinode[34] herauszunehmen und sie sinnend zu betrachten. Jeder dachte, dass er ein unermesslich reicher König sein müsse, obwohl er seine Diener nach seiner Ankunft heimgeschickt hatte. Und alle zerbrachen sich die Köpfe, warum dieser König inkognito[35] reisen wollte.

Sicher nur, damit seine Diener, diese Schwätzer, nichts ausplauderten. So saß also der überreiche, verlassene König zwei Tage im Gasthaus und aß und trank unterdessen die köstlichsten Dinge.

Am dritten Tage ließ der einsame König den Wirt rufen. Und der hohe Herr redete mit zitternder, müder Stimme: »Das Schicksal überrascht mich ... der Tag, der heute für mich noch einmal begonnen hat, wird für mich niemals endigen ... ich fühle ... ich werde sterben!«

Nach langem Schweigen winkte er nach dem gewaltigen Prunkkoffer hin, der mit geöffnetem Deckel dastand und in dem es schier unerhört blinkte und blitzte. Und dabei redete der müde König weiter:

»Euch habe ich ausersehen, mein Erbe zu sein ... meine Kinder sind undankbar ... also, mein lieber Wirt, nimm du nur den Koffer ... lass ihn in deinen tiefsten Keller tragen ... und entnimm seinem Bauche, sobald ich meinen Geist ausgehaucht habe, noch so viel, dass du mir ein wahrhaft königliches Begräbnis schaffst!«

Der Wirt musste alle Kräfte zusammenraffen, um nicht vor Entzücken laut zu lachen. In Gedanken überschlug er rasch, dass da noch ein Königreich für ihn übrig bliebe, auch wenn er an jeden einzelnen Bürger für seine Teilnahme am Begräbnis einen vollen Golddukaten auszahlte und wenn die Kirchenglocken eine ganze Woche lang läuten würden. Er verbeugte sich fortwährend wie Binsen im Winde, besann sich dann aber und

fragte mit scheinbar kummervollem Gesicht, ob man nicht ärztliche Hilfe herbeischaffen sollte. Alles freilich noch immer mit heimlich seligem Verneigen, sodass sich sein runder Bauch jedes Mal wie ein Gummiball zusammendrückte.

Weil der hohe Herr aber nur müde abwehrte, geschah sofort alles nach seinem königlichen Worte. Noch nie war der Wirt so schnell auf die Straße gerannt, und schon flüsterte er überall herum, so leise, wie nur ein Spitzbube einem anderen zuflüstert, der eben auch stehlen will, dass der König im Sterben liege. Dann war er wieder ins

Haus gehuscht und hatte mit seinem Weib den goldbeschlagenen Riesenkoffer in den tiefsten Keller hinuntergeschafft, ehe das Hausgesinde davon etwas wittern konnte.

Währenddessen war Rübezahl in seinem Prunksessel sanft entschlafen.

Jetzt eilten des Wirtes Arzt und Pfarrer herbei. Der Arzt schrieb feierlich den Totenschein, und die Gärtner liefen Sturm, das Gasthaus auszuschmücken. Man hatte den mächtigen König in einem reichen Metallsarg aufgebahrt.

Im Grunde waren alle beseligt. Der Wirt hatte ja jedem mit gutem Gewissen zuflüstern können, dass das Begräbnis mit Tausenden von Golddukaten reichlich bezahlt werden sollte.

Endlich war der Tag des Begräbnisses gekommen. Von allen Gassen wogte die Menge heran und ein schier herzzerreißendes Schluchzen begann. Allen flossen die hellsten, seligsten Tränen, denn allen standen fortwährend die zehn Beutel mit je tausend Golddukaten vor ihren Augen, von denen jeder seinen Teil erhalten sollte. Die ganze Stadt war durchzuckt von glücklicher Trauer. So feierlich war es im Trauerzuge, dass selbst die Gemüseweiber am Markte und die Schornsteinfeger auf den Dächern weinten.

Aber wie man den Inkognito-König der Gruft zutrug, da mochte im Sarg schon die für Rübezahl typische Verwandlung vor sich gegangen sein. Zuerst merkte es der Doktor, dann der Pastor und schließlich merkten es auch die beiden reichsten Händler, die alle mit an dem königlichen Sarg trugen:

Durch das allgemeine Klagestimmengedröhn drang ein fröhliches, um nicht zu sagen freches Lied so gewaltig, als wenn der Inkognito-König in dem schweren Metallsarg sich lustig machte. Erschrocken stellten die Träger den Sarg ab. Da war der tolle Gesang vorbei. Als der Zug im Rhythmus dumpfer Trommeln weitermarschierte, hörten sie es wie aus einer Bramarbaskehle[36] schallen:

»So will ich lustig schlafen ...
Und mausetot im Dunkel sein ...
Ich bin der Geist der Berge ...
Wie Sommerkorn so klein ...«

Die Sargträger waren gerade vor der steinernen Gruft angekommen, da warfen sie den Sarg fast von den Schultern.

Alle hielten den Atem an. Und wieder kam es aus dem Sarge wie von einem ganzen Chor, sodass jetzt alle zwangsweise die Hände falteten und sich die ganze Stadt erneut in tiefste Trauer senkte.

Nun wurde der Vers noch ein zweites Mal herausgesungen und ein drittes Mal, bis allen das Rätselhafte der Lage klar wurde, man sich um den Sarg drängte, ihn aufschraubte und hineinsah.

Da war freilich nichts Königliches drin. Man sah nur, was der Bauer sieht, wenn er das Korn auf den Ackerboden hingesät hat und darüber eine dicke Schicht Mist aufträgt: Im Sarge des Inkognito-Königs lagen fette Dungfladen, die es jetzt völlig begreiflich machten, warum der Sarg die Schultern der Ehrenmänner so schwer niedergedrückt hatte. Die Trauerversammlung fühlte sich, als sie diesen peinlichen Inhalt sah, unerhört betrogen. Johlend und schimpfend rannte und stob alles auseinander, bald war niemand mehr am Sarge.

Außer natürlich der Wirt, denn der wusste ja, was für Herrlichkeiten in seinem Keller harrten.

Voller Vorfreude ging er gemächlich nach Hause. Je näher er aber dem Gasthaus kam, desto mehr trieb ihn seine Gier. Zum Schluss rannte er in den tiefsten Keller und riss den königlichen Reisekoffer auf.

Aber jetzt geriet auch der Wirt in richtigen Wahnsinn. Er griff in Hundeknochen und Sauborsten. Noch immer wollte er nicht glauben, dass Rübezahl ihn und alle anderen genarrt hatte. Er dämmte seinen Ekel zurück und beleuchtete mit der Laterne den vermeintlichen Goldschatz. Bestialischer Gestank warf ihn zurück. Da rannte er verstört hinaus zu den Leuten.

Doch der Marktplatz war leer. Die Stadt lag in unheimlichem Dunkel, die Haustüren waren fest verschlossen, und alle horchten auf den irrsinnig gewordenen Wirt und auf das wilde Getöse in den Lüften, das vom Gebirge hereingebrochen war. Auf dem Gasthaus wehte die Fahne toll und höhnisch, darauf man jetzt die Worte lesen konnte:

»Rot wie Blut und weiß
*   wie Schnee ...*
So fährt Rübezahl ins Grab ...
Und wieder in die Höh ...«

Als der Wirt wieder zur Besinnung gekommen war und durch die Hintertür ins Gasthaus schlich, kam ihm sein Weib lachend entgegen und zeigte ihm eine goldene Schüssel. Das war die irdene [37] Schüssel gewesen, aus der Rübezahl fünf Liter Blaubeeren verzehrt hatte. Die hatte er zum Andenken in Gold verwandelt.

Erlkönig

Johann Wolfgang von Goethe

Das Motiv kommt aus dem Dänischen und »Ellerkonge« heißt eigentlich
»Elfenkönig«. Elfen sollen eine magische Anziehungskraft auf Menschen aus-
üben; Goethe interpretierte den Erlkönig als schrecklichen Fiebertraum.

Wer reitet so spät durch Nacht und Wind?
Es ist der Vater mit seinem Kind;
Er hat den Knaben wohl in dem Arm,
Er fasst ihn sicher, er hält ihn warm.

Mein Sohn, was birgst du so bang dein Gesicht? –
Siehst, Vater, du den Erlkönig nicht?
Den Erlenkönig mit Kron' und Schweif? –
Mein Sohn, es ist ein Nebelstreif. –

»Du liebes Kind, komm, geh mit mir!
Gar schöne Spiele spiel ich mit dir;
Manch bunte Blumen sind an dem Strand;
Meine Mutter hat manch gülden Gewand.«

Mein Vater, mein Vater, und hörest du nicht,
Was Erlenkönig mir leise verspricht? –
Sei ruhig, bleibe ruhig, mein Kind;
In dürren Blättern säuselt der Wind. –

»Willst, feiner Knabe, du mit mir gehn?
Meine Töchter sollen dich warten schön;
Meine Töchter führen den nächtlichen Reihn
Und wiegen und tanzen und singen dich ein.«

Mein Vater, mein Vater, und siehst du nicht dort
Erlkönigs Töchter am düstern Ort? –
Mein Sohn, mein Sohn, ich seh es genau:
Es scheinen die alten Weiden so grau. –

»Ich liebe dich, mich reizt deine schöne Gestalt;
Und bist du nicht willig, so brauch ich Gewalt.« –
Mein Vater, mein Vater, jetzt fasst er mich an!
Erlkönig hat mir ein Leids getan! –

Dem Vater grauset's, er reitet geschwind,
Er hält in den Armen das ächzende Kind,
Erreicht den Hof mit Mühe und Not;
In seinen Armen das Kind war tot.

Bloß eine Unterschrift

Otfried Preußler

Es gibt viele Erzählungen um den legendären Dr. Faustus, wobei geschichtlich Nachweisbares mit fantasievoller Übertreibung einhergeht. Goethe schrieb 1808 die Tragödie »Faust I«, sie gilt als das bedeutendste und meistzitierte Werk der deutschen Literatur.

Doktor Johannes Faustus, der weltweit berühmteste aller Zauberer Deutschlands, war ein Zeitgenosse Martin Luthers, stammte aus dem Schwäbischen und hat sich an mehreren Hohen Schulen aufgehalten, wo er Theologie, Medizin und Astrologie, vermutlich auch Alchemie[38] studiert hat.

Später zog er als Wahrsager und Kurpfuscher[39] durch die Lande und kam noch zu Lebzeiten in den Geruch, ein Meister der schwarzen Magie[40] zu sein. Der Sage nach ist ihm ein schreckliches Ende beschieden: Pünktlich nach Ablauf der Frist wird er, wie vertraglich besiegelt, vom Teufel geholt.

Und dabei hatte doch alles so überaus vielversprechend begonnen, damals in Wittenberg ...

Über das Studium der Theologie und der Astrologie war er an die Geheimen Wissenschaften geraten. Wer ihm dann in Wittenberg das siebente Buch Mosis zugespielt haben könnte, darüber gehen die Meinungen auseinander, vielleicht ist es schon der Teufel selber gewesen.

Die Schwarze Bibel! Lange Zeit hatte Faustus vergebens danach getrachtet, an sie heranzukommen. Jetzt hatte sein Wunsch sich endlich erfüllt. Das verrufene Buch lag aufgeschlagen vor ihm auf dem Tisch.

Sieben Nächte lang hatte der Doktor eifrig darin studiert, beim Schein einer schwarzen Kerze. Zuweilen hatte ihm bei der Lektüre vor Schauder und Staunen der Atem gestockt. Die Seiten des Folianten[41] waren mit magischen Zahlen, mit Zeichen und Formeln bedeckt. Was für ein Buch! Es schien wirklich zu halten, was Faust sich davon erhofft hatte. Es verschaffte ihm Zugang zu den geheimen Kräften, von denen die Dinge der Welt bewegt wurden. Und es verhieß ihm Macht über alle Geister. Sieben Nächte lang hatte Faust sich darauf beschränkt, das Buch zu studieren. Heute war er dazu entschlossen, die Probe darauf zu machen. Mit Zirkel und Kreide hatte er auf dem Fußboden der Studierstube einen Kreis geschlagen – und innerhalb dieses äußeren Kreises zwei weitere. Alle drei mit dem gleichen Mittelpunkt. Die Zwischenräume waren mit magischen Zeichen bedeckt, genau wie die Schwarze Bibel es vorschrieb.

»Zwölfe hat's geschlagen!«

Der Nachtwächter rief in den Straßen die Mitternachtsstunde aus. Jetzt war es so weit!

Der Doktor Faustus stellte sich in die Mitte der Zauberkreise, von denen er wusste, dass sie ihn vor dem Zugriff der Geister beschützen würden; dann sprach er die erste Beschwörungsformel. Da war es, als schlüge der Wind in den Schornstein des Hauses.

Zum Ofenloch fuhr eine kleine schwarze Gestalt heraus, mit feurigen Augen und langem Schwanz, einem Affen gleich. Das äffische Wesen machte am Rand des äußersten Kreises halt und ließ sich mit quäkender Stimme vernehmen:

»Zu Diensten, Meister. Du hast mich gerufen, ich bin zur Stelle. Mein Name ist Vitzliputzli, schnell bin ich wie der Pfeil, wenn er von der Sehne schwirrt. Wenn du mich brauchen kannst, will ich dir dienstbar sein.«

»Hinweg!«, gebot ihm der Doktor Faustus. »Was soll ich mit einem Diener, der einem Affen gleicht? Apage[42], apage!«

Das Affenwesen verschwand im Ofenloch. Doktor Johannes Faustus versuchte es mit der zweiten Beschwörungsformel. Wieder ein Windstoß, dreimal so stark wie der vorige. Aus dem Feuerloch stob eine schwarze Gestalt hervor, zottelig, oben Mensch, unten Ziegenbock, mit gehörnter Stirn, mit geschwänztem Hinterteil.

Der Bocksmensch scherte sich nicht um den äußeren Kreis, erst an der zweiten, der mittleren Linie machte er halt. In Faustus' Studierstube verbreitete sich ein übler Gestank: Man weiß ja, wie Böcke stinken.

»Du hast mich gerufen, Meister, ich bin zur Stelle. Mein Name ist Auerhahn. Schnell bin ich wie der Wind, wenn er über die Dächer fegt. Wenn du mich brauchen kannst, will ich dir dienstbar sein.«

»Hinweg!«, gebot ihm der Doktor Faustus, »was soll ich mit einem Diener, der wie ein Bock stinkt? Apage, apage!«

Der Bocksmensch verschwand, der Gestank verzog sich so plötzlich wieder, wie er gekommen war. Doktor Johannes Faustus versuchte es mit der dritten, der stärksten Formel. Kein Windstoß schlug in den Schornstein, kein Sturm erhob sich, kein Donner grollte. Hatte der dritte Spruch seine Wirkung verfehlt? Schon wollte der Doktor ihn wiederholen, da klopfte es an die Tür der Studierstube. Herein kam ein hagerer Mensch, gekleidet wie ein Student, von geschmeidiger Höflichkeit. Er verneigte sich vor dem Doktor und machte ihm seine Aufwartung.

Dass er beim Gehen ein wenig hinkte, fiel nicht besonders auf. Der Hagere achtete weder des äußeren noch des mittleren Kreises; erst an der dritten, der inneren Linie hielt er an.

»Hier bin ich, Meister. Mein Name ist Mephistopheles, das bedeutet der Listige und Gewandte. Schnell bin ich, schnell und leicht wie des Menschen Geist: gedankenschnell, um genau zu sein. Wenn du mich brau-

chen kannst, will ich dir dienstbar
sein. Ich werde dich an die entlegens-
ten Orte führen, in ferne Zeiten, in
ferne Länder, wie immer es dir ge-
fällt. Du wirst reich sein, wirst schöne Frauen haben. Ich werde dich alle
Geheimnisse dieser Welt lehren,
werde dir ihre Rätsel enthüllen bis
auf den letzten, den tiefsten Grund.«
»Wohlan!«, sprach der Doktor Johannes Faustus. »Das hört sich nicht
übel an, Mephistopheles. Was verlangst du für deine Dienstbarkeit?«
Der Teufel, denn Mephistopheles
war ein Teufel, wenngleich in Men-
schengestalt: der Teufel war auf die
Frage vorbereitet.

»Bloß eine Unterschrift«, sagte er
leichthin, wobei er dem Doktor
Faustus ein Pergament vor die Nase
hielt; weiß der Kuckuck, woher er es
plötzlich hatte.

»Wir werden einen Kontrakt [43] schließen, wie sich das gehört. Ich leiste dir
meine Dienste, o Herr und Meister –
und du verschreibst mir dafür deine
Seele. Übrigens steht das alles auf
diesem Blatt ...«

Der Doktor las den Kontrakt.

Mephistopheles werde ihm, stand da zu lesen, in allen Dingen Gehorsam leisten, mit einer Ausnahme lediglich: Den Ablauf der Zeit zu ändern, dazu sei er weder befugt noch imstande. Der Pakt solle zweimal ein Dutzend [44] Jahre währen. Nach Ablauf der Frist verfalle die Seele des Doktor Faustus auf ewig der Hölle.

»Kein geringer Preis, den du da verlangst.«

Noch zögerte Faustus, noch war er unschlüssig. Reisen in ferne Zeiten, in fremde Länder, Reichtum und schöne Frauen: ob sie das Heil seiner Seele aufwogen?

»Und die Geheimnisse der Welt?«, fragte Mephistopheles lauernd. »Und dass ich dir ihre Rätsel enthüllen werde bis auf den letzten Grund – ist das etwa nichts?«

Was für ein Angebot! Welche Verlockung für einen forschenden Geist, einen Mann der Wissenschaft! »Wahrhaftig!« Der Doktor pflichtete dem Versucher bei. »Das ist viel, das ist sehr viel. Feder und Tinte her, Mephistopheles!«

»Wozu Tinte, Meister? Man unterschreibt einen solchen Kontrakt nicht mit Tinte, ein solcher Kontrakt wird mit Blut unterschrieben.«

Mephistopheles reichte Faustus den Gänsekiel und ein Messerchen. »Ein kleiner Schnitt in den Arm wird reichen, Meister.«

Der Doktor streifte den linken Ärmel zurück, er brachte sich mit dem Messerchen einen Schnitt bei. Doch seltsam, es trat kein Blut aus der Wunde hervor. War das die letzte Warnung, ein letztes Zeichen zur Umkehr?

»Dein Blut scheint zu stocken, Meister. Wir werden es gleich in Fluss bringen.«

Mephistopheles spitzte die Lippen, er hauchte auf Faustens Arm – an der Schnittstelle zeigten sich ein paar Blutstropfen. »Das reicht aus. Und nun rasch unterschrieben, Meister!«

Faustus gehorchte dem Teufel. Er netzte die Feder mit seinem Blut, dann setzte er seinen Namenszug auf das Pergament. Der Vertrag war besiegelt, der Pakt mit der Hölle in Kraft gesetzt.

»Topp!« Mephistopheles rieb sich die Hände. »Von Stund an, o Herr und Meister, werde ich jedem deiner Befehle Gehorsam leisten – zweimal ein Dutzend Jahre lang.«

Zweimal ein Dutzend Jahre: für den, der an ihrem Anfang steht, eine lange, eine beruhigend lange Zeit. Hätte es nur in Faustens Studierstube nicht die Uhr gegeben!

Plötzlich, so schien es dem Doktor, tickte sie lauter als sonst gewohnt. Lauter und sehr viel schneller. Drau-ßen ertönte der Ruf des Nacht-wächters. »Eins hat's geschlagen.«

Die erste Stunde der Frist war ver-strichen, die zweite war angebro-chen. Stunden würden zu Tagen, Tage zu Wochen werden, Wochen zu Jahren. Die Zeit lief dahin, sie ließ sich nicht anhalten.

Mephistopheles lächelte spöttisch, den Doktor Faustus begann es in tiefster Seele zu frösteln.

# Pumphut

Nach Ludwig Bechstein

Pumphut, ein Schwarzkünstler [45] aus der Oberlausitz, der sich der Zauberei und Magie verschrieben hatte, lebte im 16./17. Jahrhundert. Um seine Gestalt ranken sich viele Geschichten. Aufgrund von historischen Sagen nimmt man an, dass er im Dienste von Wallenstein stand, dessen Soldaten er mit Gaukeleien erheitern und so vom Schrecken des Krieges ablenken sollte.

In der Gegend um Pausa trieb sich vor langen Zeiten ein koboldähnlicher, lustiger Müllerbursche herum, dem man nachsagte, er könne zaubern, und den alle wegen seines eigentümlich geformten Hütleins Pumphut nannten. Bei der Arbeit war er anstellig und fleißig, und doch wollte ihn kein Müller auf längere Zeit haben, weil er oft zu Streichen aufgelegt war. Er war nicht dumm und hatte schon so manchen, der Streit suchte, gehörig abblitzen lassen. Meist aber trieb er harmlosen Schabernack.

So wurde einst in einem Bauernhaus bei Wallemgrün die Familie beim Mittagsmahle von einer großen Schar Fliegen umschwärmt.

Da klopfte es an der Tür und Pumphut trat ein. Freundlich wurde er willkommen geheißen und zum Essen eingeladen. Das ließ er sich nicht zweimal sagen und langte kräftig zu, einen Kloß nach dem anderen verzehrte er mit großem Wohlbehagen.

Da auch ihn die Fliegen bei dieser angenehmen Arbeit aufs Äußerste belästigten, brummte er, man solle doch das Ungeziefer zur Tür hinausjagen. »Ja, wenn sie sich hinausjagen ließen und draußen blieben«, erwiderte man ihm. »Nun«, entgeg-

nete Pumphut, »wenigstens beim Essen sollten sie nicht stören.«

Alles lachte und der Hausvater sagte: »Bring du sie doch an einen anderen Platz, Pumphut, du bist doch, so sagt man, der Hexenmeister!«

Da legte Pumphut sein Hütlein auf einen Schemel und gebot den Fliegen dahinein zu fliegen. Was staunten alle, als die Fliegen wie ein Bienenschwarm in den Hut schwärmten, sodass er voll und übervoll wurde und sie noch am Rand wimmelnd aufeinanderkrochen. Pumphut aber wischte sich den etwas großen und breiten Mund, bedankte sich fein für das Essen, nahm den Hut samt Fliegen, trug ihn zur Tür hinaus und schüttelte die Fliegen draußen in die Milchtöpfe. Dann ging er lachend davon.

Einst kam er zu einer Mühle, die Burkhardsmühle genannt. Dort waren viele Leute versammelt, und es herrschte ein fröhliches Treiben, weil ein neues Mühlrad feierlich an seinen Platz gehoben werden sollte. Pumphut freute sich, denn es war Müllerbrauch, dass es bei solchen Gelegenheiten immer viel zu essen und zu trinken gab. Der Meister aber, der Pumphut nicht kannte – sonst hätte er wohl klüger gehandelt –, lud den Fremden nicht ein, sondern ließ ihm nur ein Stückchen Brot reichen und ein Gläschen Branntwein einschenken. Pumphut aß sein Brot, leerte sein Gläschen und ging ohne großen Dank aus der Stube.

Nun wurde die Arbeit des Radhebens begonnen. Aber plötzlich passten weder Welle noch die Zapfen zueinander! Der Müller und der Zimmermann und der Schmied schwuren Stein und Bein, dass vorher alles genau abgemessen worden sei, doch nun schien die ganze Arbeit vergebens.

Da fiel einem der Gäste ein, dass der Fremde am Ende der Pumphut gewesen sein möge, der aus Ärger, dass man ihn so karg abgespeist hatte, dem Müller solchen Schabernack spiele. Ja, so musste es sein! Und schon liefen einige fort, um Pumphut zurückzubringen. Bald sahen sie ihn auch seines Weges dahinschlendern und riefen ihn. Pumphut aber tat, als höre er sie nicht. Nun liefen sie noch schneller, sie liefen, bis sie schwitzten und außer Atem waren; doch, obschon er langsam ging wie ein erzfauler Gesell, blieb Pumphut doch immer in gleicher Entfernung zu den Nachrennenden. Endlich ließ er sich einholen. Höhnisch hörte er sich die Bitte, zur Mühle zurückzukehren, an, zeigte aber keine Lust, ihr Folge zu leisten. Erst anhaltendes Bitten und Betteln schienen ihn schließlich umzustimmen.

In der Mühle wurde er jetzt viel freundlicher begrüßt als zuvor, und

Pumphut führte gleich den Beweis, dass er mehr könne, als nur trocken Brot essen. Er ließ sich nun auch reichlich Braten, Schinken, Wurst und Kuchen schmecken und trank dazu erstaunliche Mengen Bier. Als er fertig war, ging er hinaus zum Mühlrad. Er kletterte auf das Brett, nahm sein Hütlein ab, klopfte damit an die eine Seite des Gestells, dann an die andere. Da rückten die Seiten ganz sanft der Welle näher und nahmen die Zapfen auf. Alles jubelte Beifall, und Pumphut ging, ohne ein Wort zu sagen, seines Weges.

Von Riesen und Zwergen

König Laurin und sein Rosengarten

Volkssage

Das gereimte Heldenepos »Laurin« entstand wohl im 13. Jahrhundert und war bis ins 16. Jahrhundert in zahlreichen Fassungen verbreitet. Es verknüpft eine alpenländische Sage, die das Alpenglühen zu erklären versucht, mit der Sagengestalt Dietrich von Bern.

Im Schutz der Dolomiten in Tirol erhebt sich ein stattliches Bergmassiv. Dort hatte vor Hunderten von Jahren der mächtige Zwergenkönig Laurin sein Reich.

Laurin war Herrscher über ein großes Gnomenvolk [46] und besaß unermessliche Schätze, die er in seinem unterirdischen Palast aus funkelndem Bergkristall hortete. Vor dem Eingang seines Palastes erstreckte sich ein großer Garten, der von einem roten Seidenfaden umspannt war; in ihm blühten und dufteten die edelsten Rosen. Wehe dem, der es gewagt hätte, den Faden zu durchtrennen oder auch nur eine Rose zu pflücken. Ihm hätte Laurin die linke Hand und den rechten Fuß abgeschlagen! Sein

Ross war zwar nur so groß wie eine Geiß, aber es war überaus schnell und wendig; und zu seiner Rüstung gehörte eine Tarnkappe, die ihn unsichtbar machte, und ein Zaubergürtel, der ihm die Kraft von zwölf Männern verlieh. Nur eins fehlte Laurin zu seinem vollkommenen Glück: eine Braut.

Eines Tages hörte Laurin von der wunderschönen Similde, Tochter des Königs an der Etsch. Sie war Hartwig, dem Waffenmeister des Gotenkönigs Dietrich von Bern, versprochen und bald sollte Hochzeit gefeiert werden. Doch Laurin hoffte durch seinen Reichtum den König an der Etsch umzustimmen und selber Similde heimführen zu können.

Deshalb schickte er drei Boten als Brautwerber aus. Aber die Boten wurden weder gebührend empfangen, noch konnten sie ihr Anliegen vorbringen – sie wurden einfach nicht zum König vorgelassen und mussten unverrichteter Dinge umkehren.

Das erzürnte Laurin. Um die Mittagszeit ritt er selbst zur Burg hinunter, versteckte sich hinter einem Gebüsch und wartete, bis die schöne Similde mit ihren Gespielinnen vor den Toren der Burg spazieren ging. Als sie an seinem Versteck vorbeikam, setzte er seine Tarnkappe auf, hob sie auf sein Ross und entführte sie.

Kaum hatte Hartwig von dem Raub seiner Braut erfahren, ließ er sein

Pferd satteln, um Similde zu befreien; er wusste auch, wo er sie suchen musste: Nur der Zwergenkönig Laurin konnte sie so listenreich entführt haben. Seine Gefährten bestanden darauf, ihn zu begleiten, denn sie alle hatten schon von Laurins Zauberkräften gehört. Allen voran ritt König Dietrich von Bern, ihm folgten Hartwig, dann der alte Waffenmeister Hildebrand, danach kamen der ungestüme Wittich, des wilden Schmiedes Wielands Sohn, und der Neffe des Waffenmeisters, Wolfhart. Sie alle waren sich bewusst, dass ihre Aufgabe ein gefährliches Unterfangen sein würde.

Als sie nach langem, mühsamem Ritt ankamen, lag vor ihnen der herrliche Rosengarten. Was staunten sie über seine Blütenpracht, über die Süße seines Duftes. Da beschlossen sie mit König Laurin, der so einen wunderbaren Garten besaß, zu verhandeln, damit er Similde herausgeben solle. Doch Wittich, voller Ungeduld, zerriss den Seidenfaden und zertrat ein paar Rosen.

Da ritt auch schon König Laurin auf seinem Schimmelpferdchen heran, seine goldene Rüstung war in Drachenblut gehärtet, das zierliche Schwert an seiner Seite so scharf, dass es Stein und Eisen zerschneiden konnte. Erbost forderte er Wittichs linke Hand und den rechten Fuß dazu, und ehe Wittich sich versah, hatte ihn Laurin dank der Kraft des Zwölfmännergürtels überwältigt und wollte ihm sogleich Hand und Fuß abhacken! Diese Strafe fand Dietrich aber zu hart, und er bat Laurin, sie zu lindern.

Doch Laurin war immer noch wütend und stieß Dietrich weg. So nahmen die beiden ungleichen Könige den Zweikampf mit dem Schwert auf. Sie kämpften eine ganze Weile wacker miteinander, ohne dass einer den anderen besiegen konnte, als Laurin sich auf einmal die Tarnkappe aufsetzte. Nun war er unsichtbar und der Vorteil auf seiner Seite, denn Dietrich von Bern konnte nur blindlings um sich schlagen, wurde selbst aber aufs Ärgste von Laurin bedrängt.

Da rief Hildebrand Dietrich zu, er solle auf einem Ringkampf bestehen.

Laurin lachte höhnisch, er war sich ja der Kraft seines Zaubergürtels sicher. So warf er die Tarnkappe achtlos weg und stürzte sich auf Dietrich.

»Zerbrich ihm den Zaubergürtel«, rief Hildebrand. Und Dietrich hob den Zwerg hoch und warf ihn so fest auf den Boden, dass der Gürtel in zwei Teile zersprang. Rasch nahm Hildebrand die beiden Teile und die Tarnkappe an sich.

Der Kampf war nun entschieden. Da kamen Laurins Zwerge aus dem Innern des Berges und wehklagten, als sie ihren König seiner Zauberwaffen beraubt sahen. Laurin gab seine Niederlage auch scheinheilig zu und erbot sich, seinen ehemaligen Gegnern vor ihrem Abzug seine Schätze zu zeigen und sie aufs Fürstlichste zu bewirten. Diese Rede gefiel dem starken Dietrich, und arglos

reiche er dem Zwergenkönig die Hand zum Frieden.

Am Eingang kam ihnen Similde entgegen. Sie weinte vor Glück über ihre Befreiung, gleichzeitig erklärte sie aber auch, von Laurin und seinem Volk immer ehrenvoll und königlich behandelt worden zu sein.

Wie staunten die Recken[9], als sie die reich gefüllten Schatzkammern des Zwergenfürsten sahen! In riesigen Eisentruhen, die mit Diamanten beschlagen waren, glänzten und funkelten die kostbarsten Edelsteine um die Wette.

Endlich kamen sie in einen großen Festsaal. Dort warteten fein gedrechselte Stühle an kunstvoll geschnitzten Tischen auf die Ritter, an den Wänden hingen Leuchter aus massivem Gold, und ihr Kerzenschein ließ die silbernen Teller und Becher auf den Tischen aufblitzen.

Laurin klatschte in die Hände, und schon kamen seine Diener und trugen köstliche Speisen auf. Während des Mahls wurden sie mit Gesang und Spiel erfreut. Laurin aber mischte unbemerkt einen Schlaftrunk in ihren Wein, und bald darauf sanken die Männer in einen tiefen Schlaf. Da legten die Zwerge sie in Ketten und warfen sie in einen finstern Kerker.

Als Dietrich und seine Männer wieder zu sich kamen, waren sie voll ohnmächtigen Zorns, und sie schworen dem hinterlistigen Zwergenkönig Rache.

Similde, die Hartwig schon eine ganze Weile nicht gesehen hatte, wurde allmählich misstrauisch und sie machte sich auf die Suche nach Hartwig und seinen Gefährten. Da sie von Laurin Schlüssel zu allen Gemächern bekommen hatte, fand sie ihn auch bald. Schnell legten die Männer ihre Rüstungen und Waffen wieder an, die ihnen die Zwerge während des Schlafes abgenommen hatten. Aber das ging nicht ohne Lärm vor sich, der auch bis zu Laurin vordrang. Sofort befahl er seinem Zwergenvolk, sich für die entscheidende Schlacht zu rüsten.

Alle setzten ihre Tarnkappen auf, Laurin aber steckte noch einen Ring an den Finger, der ihm überirdische Kräfte verlieh.

So schlugen sie erbittert auf die Fremden ein. Die vermochten sich kaum gegen die Übermacht der unsichtbaren Zwerge zu wehren.

Similde aber wusste, dass der Zauber der Tarnkappen durch die Kraft der rotgoldenen Ringe zu brechen war. Sie eilte, die Ringe zu holen, und steckte sie dann den kämpfenden Freunden zu.

Nun konnten sie die Zwerge sehen, und schnell waren diese besiegt. Nur Laurin stand noch kampfbereit da, denn sein übermächtiger Ring machte ihn unverwundbar. Da trennte Dietrich ihm mit einem Hieb den Ringfinger ab, sodass auch dieser Zauber brach und Laurin sich zum zweiten Mal gefangen nehmen lassen musste. Entsetzt flohen seine Zwerge in alle Richtungen und verkrochen sich in die hintersten Bergspalten.

Laurin aber flehte vergebens um Gnade. Dietrich gewährte sie ihm diesmal nicht, denn schon zweimal hatte der Zwergenkönig ihn überlisten wollen.

Der Kampf war vorbei. Hartwig bedankte sich bei seinen Gefährten für ihre Hilfe, holte sein Ross herbei, setzte Similde vor sich auf den Sattel und ritt mit ihr heim zur Burg ihres Vaters. Nicht lange danach wurde Hochzeit gehalten.

Dietrich und die anderen Recken aber ritten mit ihrem Gefangenen nach Bern zurück, wo sie ihn in ein Verlies [47] warfen.

Bevor sie aufbrachen, warf der heimtückische Zwergenkönig Laurin einen letzten Blick auf seinen Rosengarten und verfluchte ihn:

Nie wieder solle einer seine Rosen sehen, weder bei Tag noch bei Nacht! Doch er hatte bei seinem Fluch die Zeit der Dämmerung vergessen! Und so kommt es, dass noch heute in der Morgen- und Abenddämmerung der ganze Berg über und über im Rosenschimmer erstrahlt.

Das Riesenspielzeug

Adalbert von Chamisso

Durch diese Ballade wurde die Sage um Burg Nideck weltbekannt.

Burg Nideck ist im Elsass, der Sage wohlbekannt,
Die Höhe, wo vor Zeiten die Burg der Riesen stand.
Sie selbst ist nun verfallen, die Stätte wüst und leer;
Und fragst du nach den Riesen, du findest sie nicht mehr.

Einst kam das Riesenfräulein aus jener Burg hervor,
Erging sich sonder Wartung und spielend vor dem Tor
Und stieg hinab den Abhang bis in das Tal hinein,
Neugierig zu erkunden, wie's unten möchte sein.

Mit wen'gen raschen Schritten durchkreuzte sie den Wald,
Erreichte gegen Haslach das Land der Menschen bald,
Und Städte dort und Dörfer und das bestellte Feld
Erschienen ihren Augen gar eine fremde Welt.

Wie jetzt zu ihren Füßen sie spähend niederschaut,
Bemerkt sie einen Bauer, der seinen Acker baut;
Es kriecht das kleine Wesen einher so sonderbar,
Es glitzert in der Sonne der Pflug so blank und klar.

»Ei, artig Spielding!«, ruft sie, »das nehm ich mit nach Haus!«
Sie knieet nieder, breitet behänd ihr Tüchlein aus
Und feget mit den Händen, was da sich alles regt,
Zu Haufen in das Tüchlein, das sie zusammenschlägt,

Und eilt mit freud'gen Sprüngen – man weiß, wie Kinder sind –
Zur Burg hinan und suchet den Vater auf geschwind:
»Ei, Vater, lieber Vater, ein Spielding wunderschön!
So Allerliebstes sah ich noch nie auf unsern Höh'n.«

Der Alte saß am Tische und trank den kühlen Wein,
Er schaut sie an behaglich, er fragt das Töchterlein:
»Was Zappeliges bringst du in deinem Tuch herbei?
Du hüpfest ja vor Freuden; lass sehen, was es sei!«

Sie breitet aus das Tüchlein und fängt behutsam an,
Den Bauern aufzustellen, den Pflug und das Gespann;
Wie alles auf dem Tische sie zierlich aufgebaut,
So klatscht sie in die Hände und springt und jubelt laut.

Der Alte wird gar ernsthaft und wiegt sein Haupt und spricht:
»Was hast du angerichtet? Das ist kein Spielzeug nicht!
Wo du es hergenommen, da trag es wieder hin!
Der Bauer ist kein Spielzeug, was kommt dir in den Sinn!

Sollst gleich und ohne Murren erfüllen mein Gebot;
Denn wäre nicht der Bauer, so hättest du kein Brot;
Es sprießt der Stamm der Riesen aus Bauernmark hervor,
Der Bauer ist kein Spielzeug, da sei uns Gott davor!«

Burg Nideck ist im Elsass, der Sage wohlbekannt,
Die Höhe, wo vor Zeiten die Burg der Riesen stand.
Sie selbst ist nun verfallen, die Stätte wüst und leer;
Und fragst du nach den Riesen, du findest sie nicht mehr.

Der Teufelsweg auf Falkenstein

Nach Ludwig Bechstein

In der Nähe von Frankfurt am Main erhebt sich auf einem fast unzugänglichen Felsen die Ruine Falkenstein. Einst war die Burg Wiege eines machtvollen Geschlechts[48], aus dem auch einige Erzbischöfe von Trier kamen.

Es sind jetzt viele Hundert Jahre her, dass ein Ritter Kuno von Sayn um die Hand der Tochter eines Herrn von Falkenstein anhielt. Aber der Vater war dem Ritter nicht hold gesonnen und wies dessen Werbung mit den höhnischen Worten ab: »Meine Tochter will ich Euch gern zum Ehegemahl geben. Ich verlange nur einen kleinen Gegendienst dafür: Mach in einer Nacht einen reit- und fahrbaren Weg durch diese schroffen Felsenzacken bis hinauf zu meiner Burg. Das ist meine Bedingung und mein Bescheid.«

Aber damit hatte der hartherzige Vater Unmögliches begehrt: Denn wenn auch Tausend und Abertausend Hände zugleich das harte Felsgestein bearbeitet hätten, sie hät-

ten es doch nicht geschafft, das Werk in einer Nacht zu vollenden.

Traurig ritt der Ritter von Sayn von dannen.

Weit fort zog er, bis in das Heilige Land, um seine Liebe zu vergessen, und focht dort verwegen in vielen Schlachten, wobei er den Tod suchte, aber nicht fand. Doch trotz aller Gefahren konnte er die von ihm geliebte und umworbene Jungfrau auf der Burg Falkenstein nicht vergessen. So kehrte er endlich in die Heimat zurück, wo er außer seiner Ritterburg noch ein großes Silberbergwerk sein Eigen nannte.

Oft irrte er am Fuße der felsumtürmten Burg Falkenstein umher und hätte gerne gewusst, wie es seiner Geliebten ging. Dabei waren seine

143

Gedanken trüb, während er die Felsen anstarrte, erinnerten sie ihn doch mit ihrer Härte an sein eigenes hartes Geschick.

Eines Tages, als er wieder die Felsen anstarrte und von schmerzlichen Gedanken geplagt wurde, seufzte er:

»Hier hilft keine menschliche Macht, nur Zauber könnte durch diese Felsen einen Weg bahnen!« Da war ihm, als hörte er seinen Namen rufen, und als er sich umschaute, arbeitete sich ein Erdmännchen in brauner Kutte, mit eisgrauem Bart und runzligem Gesicht aus einer Felsenspalte und redete ihn also an:

»Kuno von Sayn, warum lässt du nach Silber graben drunten auf deinem Gebiet und störst unsere Ruhe? Willst du diesen Felsen zum Weg gebahnt sehen? Willst du die Erbtochter vom Falkenstein, die droben einsam um dich trauert und sich nach dir sehnt, dein nennen? Dann gelobe eins und schwöre, es zu halten!«

Dem Ritter ward bei dieser Erscheinung und Rede seltsam zumute.

Er dachte, der Böse[49] wolle ihn versuchen, und fürchtete um seine Seele. Darum fragte er bang: »Was ist dein Begehr?«

Da antwortete ihm der Zwerg: »Versprich mir auf dein ritterliches Wort, dass du am morgigen Tag deine Gruben und Schächte und Stollen im Bergwerk zuschütten lassen wirst, die wir ohnedies, so wir wollten, ersäufen könnten. Wenn du das tust, so ebnen wir in der heutigen Nacht noch die Felsen und führen einen bequemen Weg hinauf, sodass du am hellen Tag hinaufreiten und den Falkensteiner an seine Zusage mahnen kannst.«

Darüber war der Ritter so hocherfreut, dass er gern versprach, was der kleine Erdzwerg verlangte, und begab sich zur Ruhe.

In der Nacht regte es sich sonderbar um die Burg: Es rumorte und bebte, es krachte und polterte, es hackte und schaufelte. Tausend kleine Berggeister, die, obschon zwergenhaft, doch mit Riesenkraft ausgestattet waren, gingen mit Macht an das verheißene Werk.

Als der Hahn am nächsten Morgen krähte, war's vollbracht; und als die Sonne hinterm fernen Spessart heraufstieg, ritt Kuno von Sayn bereits auf dem neuen Weg zur Burg hinauf und ließ sein Horn so hell erschallen, dass sich der Wächter auf dem Turme des Falkensteins nicht wenig darüber verwunderte.

Noch mehr aber wunderte sich der Falkensteiner selbst. Doch freute er sich auch über den so lang ersehnten Weg und hielt sein ritterlich gegebenes Wort: Er willigte in das Verlöbnis seiner Tochter mit dem treuen Kuno von Sayn ein.

Der Ritter Kuno von Sayn hielt ebenfalls sein dem Zwerg gegebenes Wort und ließ die Schächte, darin er nach Silber hatte graben lassen, zuwerfen. Der Felsenpfad aber, den die Erdgeister bahnten, heißt heute noch der Teufelsweg.

# Der Harzriese

Volkssage

Früher war der Harzriese den Menschen so gegenwärtig, dass er sogar auf vielen Münzen abgebildet wurde; und immer hat er dabei einen Tannenbaum als Stecken in der Hand.

Vor langer, langer Zeit hauste im Harz ein mächtiger Geist. Er war so groß, dass er mühelos von einer Bergkuppe zur anderen schreiten konnte. Als Stecken riss er sich mal so eben eine große Tanne aus. Die Leute nannten ihn den Harzriesen. Wer sich mit ihm einließ, den beschenkte er reichlich, mal mit Gold, mal aber auch mit der Gabe, Wunder zu verrichten. Ging der so Beschenkte verständig und achtsam mit seinem Geschenk um, so ward ihm Glück und gutes Leben sicher. Verbrauchte er aber leichtsinnig Gut und Gabe, so kamen Unglück und Elend über ihn.

Unweit des Brockens, dem höchsten Berg im Harz, lebten einmal drei Brüder. Sie waren Kohlenbrenner und hausten in einer armseligen Hütte. Eines Nachts ging ihnen das Feuer aus. Das war schlimm, denn die Nacht war kalt.

Da sah der älteste der Brüder, der in dieser Nacht Wache hatte, auf einem gegenüberliegenden Berg ein Feuer flammen. Er freute sich, dort konnte er neue Glut für ihre Feuerstelle holen. Aber dann sah er die wunderlichen Gestalten, die vor den Flammen tanzten, und da er nicht wusste, wer sie waren, verließ ihn sein Mut.

Dasselbe Feuer sah auch der zweite Bruder in der folgenden Nacht, aber auch ihm wurde bange, als er die tanzenden Gestalten davor sah. Nur der dritte Bruder ließ sich nicht beirren, er fasste sich ein Herz und ging

146

hinüber, um sich die wärmenden Kohlen für sein Lager zu holen.

Die fremden Erscheinungen gewährten ihm seine Bitte, sich brennende Kohlen mitnehmen zu dürfen, doch als er sie in seine Feuerstelle schüttete, verlöschten sie. Er versuchte es ein zweites Mal. Und wieder verlöschten die Kohlen, kaum dass er in seiner Hütte angekommen war. Als er zum dritten Mal zu dem nächtlichen Feuer ging, bekam er noch einmal Glut, doch jetzt wurde ihm bedeutet, nicht noch einmal zu kommen.

Aber auch diese Kohlen verlöschten im Ofen, anstatt die Holzscheite darin anzuzünden. Verdrießlich legte er sich auf sein Lager. Eingedenk der Warnung, nicht noch einmal als Bittsteller zu kommen, blieb ihm auch nichts weiter übrig.

Wie überrascht war er aber, als er bei Tagesanbruch in die Küche kam und in der erkalteten Feuerstelle mehrere Scheite Holz fand, die in Gold verwandelt waren. Schnell raffte er sie an sich und verschwieg seinen Brüdern den kostbaren Fund. Die Goldscheite machten ihn zum reichen Manne. Sogleich baute er sich eine Burg im Harz, und sein höchstes Glück schien ihm, als er vom König zum Ritter geschlagen wurde.

Fortan war sein Lebenswandel wenig ritterlich, er führte ein kriegerisches, ausschweifendes Leben, die Leute fürchteten ihn und seine Horden, und in nur wenigen Jahren verlor er alle seine Schätze. Schließlich wurden ihm seine wilden, bösen Taten zum Verhängnis. Der König ließ ihn als Raubritter gefangen nehmen, sein Land wurde eingezogen und seine Burg aufgebrochen.

Noch heute soll diese Burgruine von bösen Geistern bewohnt sein.

Schnurriges und Wunderliches

Wo der Hund begraben liegt

Nach Ludwig Bechstein

Der Thüringer Wald zählt zu den größten zusammenhängenden Wald-gebieten Deutschlands und der 960 m hohe Inselsberg ist einer der höchsten Berge Thüringens. Einst gehörte er zum Herzogtum von Gotha.

Es geht das Sprichwort: In Winterstein liegt der Hund begraben. Und das kam so: Am Fuße des Inselsbergs im Thüringer Wald liegt das Dorf Winterstein, dort hatten die Herren von Wangenheim von alters her ein Bergschloss.

Wie fast alle seine Vorfahren und Nachkommen war einer dieser Herren Jägermeister beim Herzog von Gotha. Er nannte einen sehr gescheiten Hund namens Stutzel sein Eigen und war stolz auf dessen Künste. Denn dieser Stutzel war überaus geschickt und so klug, dass er Briefe, die man an seinem Halsband befestigte, ganz allein nach Gotha in das Schloss zum Herzog brachte und auch Briefe für seinen Herrn mit zurücknahm. So konnte sich der Bote des Herzogs so manchen mühsamen Weg nach Winterstein ersparen.

Als nun der Herr von Wangenheim gestorben war, behielt seine Witwe den lieben Stutzel, denn sie war ihm über alle Maßen gut. Er musste nun nicht mehr den weiten Weg nach Gotha laufen, denn er war ja mittlerweile auch schon alt, aber er bekam sein Gnadenbrot bei der Witwe.

Als Stutzel nach ein paar Jahren starb, ließ sie einen Sarg für ihn zimmern, ihn hineinlegen und weinte heftig um ihn.

Sie befahl der Dienerschaft, dass auch sie um den armen guten Stutzel weinen sollte, und die Dienerschaft machte es der Herrin nach und weinte lauthals um den guten Stutzel. Alle weinten aus Leibeskräften, nur die Köchin vergoss keine Tränen, auch wenn sie wehklagte und schrie wie die anderen. Dass missfiel der Herrin sehr, und deshalb bekam sie auch kein Trauerkleid wie alle anderen. Als aber die Herrin ein wenig später in die Küche kam und sah, dass die Augen der Köchin, die gerade

Zwiebeln schnitt, tränten, sprach sie: »Nicht wahr, nun weinst du doch noch um den guten Stutzel! Da sollst du auch ein Trauerkleid haben.« Die Köchin schniefte noch einmal heftig wegen der Zwiebeldünste, sagte nicht nein und nahm das Kleid knicksend an.

Die Liebe zu dem Hund war so groß, dass Frau von Wangenheim Stutzel feierlich auf dem Friedhof beerdigen lassen wollte. Doch das ging dem Pfarrer zu weit. Er kam auf das Bergschloss und sagte: »Gnädige Frau, das geht nicht. Der Friedhof ist Gottesacker. Er ist für Christenmenschen und nicht für Hunde, auch nicht für den der Frau von Wangenheim.«

»So«, sagte die Witwe des Jägermeisters von Wangenheim, »so, geht das nicht? Das ist aber dumm. Wissen Sie nicht, dass der selige Stutzel Menschenverstand hatte? Er hat sogar ein Testament gemacht!

Einhundert Taler hat er der Kirche vermacht, und fünfzig sind für Ihn, den Pfarrer selbst, wenn sich ein Plätzchen auf dem Kirchhof fände.

Wenn nicht, dann gibt's auch leider nichts.«

»Ja, das ist freilich eine ganz andere Sache, liebe, gnädige Frau«, sagte der Pfarrer, »die Kirche ist sehr arm. – Ach, der gute, fromme Stutzel. Vielleicht war in ihm ein lieber Mensch verzaubert, wer weiß, da er so viel Menschenverstand gehabt hat. Sicher wird sich ein Eckchen auf dem Kirchhof finden.«

Am anderen Tage gab es ein feierliches Leichenbegräbnis. Die gesamte Dienerschaft der Witwe von Wangenheim musste in Trauerkleidung hinter dem Hundesarg einherschreiten und ihn bis auf den Friedhof begleiten.

Die Bürger von Winterstein wurmte das. Einerseits, weil nun ein Hund auf ihrem Friedhof lag, andererseits, weil die Dienerschaft wegen der Trauer so schön ausstaffiert[50] worden war. Noch schlimmer aber war, dass sie jetzt in den Nachbargemeinden verspottet wurden. Wohin sie auch kamen, lachten die Leute über sie und es hieß: »Bei euch zu Winterstein liegt ja der Hund auf dem Kirchhof begraben!«

Das Gespött sprach sich bis nach Gotha herum und die gnädige Herrschaft wurde sehr ungnädig. Der Herzog schickte eine Kommission nach Winterstein, die den Pfarrer vernahm. Obwohl der beteuerte, dass er es um des armen Kirchleins getan hätte, nutzte es ihm nichts; er wurde seines Amtes enthoben und der arme Stutzel wieder ausgegraben.

Ob aber Frau von Wangenheim ihr Geld wieder zurückerhalten hat, davon wurde nicht berichtet, und es ist auch sehr zu bezweifeln.

Zum zweiten Mal beerdigte Frau von Wangenheim, die Witwe des Jägermeisters, den armen Stutzel, diesmal an ihrer Burgmauer.

Aber nicht nur das, sie ließ ihm auch ein schönes Denkmal setzen, auf dem der unvergessliche Stutzel abgebildet war. Die eingemeißelte Grabschrift rühmt seine Tugenden bis auf den heutigen Tag.

Ja, und so heißt es noch heute:

In Winterstein liegt der Hund begraben.

Die Lederhosen-Saga

Börries Frhr. von Münchhausen

Schon zu Zeiten seines Studiums der Rechts- und Sozialwissenschaft verfasste Münchhausen Balladen; sie bezogen sich meistens auf Sagen oder historische Ereignisse. Einige von ihnen wurden auch vertont.

Es war ein alter schwarzbrauner Hirsch,
Großvater schoss ihn auf der Pirsch,
Und weil seine Decke so derb und dick,
Stiftete er das Familienstück.
Nachdem er lange nachgedacht,
Ward eine Hose daraus gemacht,
Denn Geschlechter[48] kommen, Geschlechter vergehen,
Hirschlederne Reithosen bleiben bestehen.

Er trug sie dreiundzwanzig Jahr,
Eine wundervolle Hose es war!
Und als mein Vater sie kriegte zu Lehen,
Da hatte die Hose gelernt zu stehen,
Steif und mit verbeulten Knien
Stand sie abends vor dem Kamin,
Schweiß, Regen, Schnee – ja, mein Bester:
Eine lederne Hose wird immer fester!

Und als mein Vater an die sechzig kam,
Einen Umbau der Hose er vor sich nahm,

Das Leder freilich war unerschöpft,
Doch die Büffelhornknöpfe war'n dünngeknöpft
Wie alte Groschen, wie Scheibchen nur,
Er erwarb eine neue Garnitur.

Und dann allmählich machte das Reiten
Ihm nicht mehr Spaß wie in früheren Zeiten,
Besonders der Trab in den hohen Kadenzen
Ist kein Vergnügen für Exzellenzen,
So fiel die Hose durch Dotation[51]
An mich in der dritten Generation.

Ein Reiterleben in Niedersachsen,
Die Gaben der Hose war'n wieder gewachsen!
Sie saß jetzt zu Pferde wie aus Guss
Und hatte wunderbaren Schluss
Und abends stand sie mit krummen Knien
Wie immer zum Trocknen am Kamin.

Aus Großvaters Tagen herüberklingt
Eine ferne Sage, die sagt und singt,
Die Hose hätte in jungen Tagen
Eine prachtvolle grüne Farbe getragen,
Mein Vater dagegen – weiß ich genau –
Nannte die Hose immer grau.

Seit neunzehnhundert ist sie zu schaun
Etwa wie guter Tabak: braun!
So entwickelt sie, fern jedem Geize,
Immer neue ästhetische Reize,
Und wenn mein Ältester einst sie trägt,
Wer weiß, ob sie nicht ins Blaue schlägt!

Denn fern im Nebel der Zukunft schon
Seh ich die Hose an meinem Sohn.
Er wohnt in ihr, wie wir drin gewohnt,
Und es ist nicht nötig, dass er sie schont,
Ihr Leder ist gänzlich unerschöpft,
Die Knöpfe nur sind wieder durchgeknöpft,
Und er stiftet, folgend der Väter Spur,
Eine neue Steinnussgarnitur.

Ja, Geschlechter kommen, Geschlechter gehen,
Hirschlederne Reithosen bleiben bestehen.

Die Sieben Schwaben

Volkssage

Die Abenteuer der »Sieben Schwaben« werden je nach Landstrich unterschiedlich erzählt. Zwischen Schwank und Sage geht es dabei um einfältige schwäbische Bauern mit loser Gosche [52], aber Heidenangst, die sie natürlich nie zugeben würden.

Es waren einmal sieben Schwaben, die wollten durch die ganze Welt wandern und große Taten vollbringen.

Für ihre zukünftigen Abenteuer sollten sie natürlich bewaffnet sein, aber wie? Nach langem Hin und Her meinten sie, ein einziger Spieß, lang und stark, sei das Beste für sie. Diesen Spieß fassten alle sieben zusammen an und bildeten so eine gewaltige Stoßkraft:

Vorn ging der kühnste von ihnen, Herr Schulz, den sie Allgäuer nannten, weil er aus dem Allgäu kam. Dann kam der Jackli, genannt der Seehas, weil der am Bodensee zu Hause war. Hinter ihm kam der Marli, genannt der Nestelschwab, der hieß so, weil er statt Knöpfe Nesteln [53] an den Hosen hatte; die rissen ihm aber oft ab, und so musste er seine Hose mit der Hand halten.

Dann kam der Jergli, und weil der immer »Potz Blitz!« rief, wurde er der Blitzschwab genannt. Hinter dem lief Michel, den sie Spiegelschwab riefen, weil er seine Nase am Ärmel abputzte, der davon einen gewissen speckigen Glanz bekam. Ihm folgte Hans, der Knöpfleschwab, bekannt für seine guten Spätzle und Knöpfle. [54] Ganz zum Schluss hielt Veitli den Spieß, er war aus der Gegend von Bofingen und als Gelbfüßler bekannt. Der Name, sagt man, kam daher, weil die Leute dort einmal dem Herzog einen Wagen Eier bringen sollten. Damit mehr hineinpassten, stampften sie die Eier recht fest, die dabei natürlich zerbrachen und die Füße der Bofinger gelb färbten.

Nun geschah es einmal, dass sie im Heumonat[55] über eine Wiese gingen und eine Hornisse aus einem nahen Gebüsch hinter ihnen herbrummelte. Der Allgäuer erschrak so sehr, dass er fast den Spieß hätte fallen lassen.

»Horcht!«, rief er, »ich höre Trommelgedröhn!« Schon steckte der Jackli seine Nase in die Luft und rief: »Ja, ich schmeck das Schießpulver schon!« Da nahm der Herr Schulz Reißaus, sprang über einen Zaun und landete auf den Zinken eines Rechens, der vom Heumachen liegen geblieben war. Der Stiel schlug mit Wucht in sein Gesicht. Da warf er sich nieder und rief: »Gnade! Ich ergebe mich!« Als die andern das hörten, hüpften sie alle zu ihm hin, warfen sich nieder und schrien: »Wenn du dich ergibst, so ergeben wir uns auch!« Als aber nach einer Weile kein Feind kam und sie merkten, dass dies keine Heldentat gewesen war, rappelten sie sich auf und schworen, so lange davon stillzuschweigen, bis einer unverhofft das Maul auftäte.

Hierauf zogen sie weiter, bis sie am Abend zu einem weiten See kamen, so meinten sie jedenfalls. Doch es war ein großes Flachsfeld, das in schönster Blüte stand, und der Wind wiegte das blau schimmernde Blütenmeer in der Dämmerung, sodass es aussah wie sanftes Wellengekräusel.

»Potz Blitz«, rief der Blitzschwab, der mit den anderen Spießgesellen droben am Abhang stand, »über das wilde Wasser müssen wir! Bloß wie?«

»Allgäuer, trag du uns rüber, wie weiland Sankt Christophorus die Pilgrimsleut[56]«, bat der Seehas.

»Nein!«, widersprach der Allgäuer, »ins Wasser ging ich schon, doch nur, wenn's nicht tiefer als bis zum Hals ging.«

Der Nestelschwab griff schon mal an seinen Hosenbund, um die Hose festzuhalten, wenn er mit einer Hand schwämme. Dem Knöpfleschwab war die Sache wirklich nicht geheuer, er lugte scharf auf das wogende Meer und hielt Ausschau, ob sich da nicht der Kopf eines Krokodils zeigte.

Da stieß der Blitzschwab ein paar von ihnen hinunter und rief: »Frisch gewagt ist halb geschwommen!« Als der Gelbfüßler sah, dass keiner der Schwimmer unterging, fasste auch er sich ein Herz und sprang hinterher. Da plumpsten auch der Blitzschwab und der Nestelschwab hinunter und zuletzt ritt der Allgäuer auf seinem Spieß hinab. So kugelte einer über den anderen in das Feld mit blauem Flachs. Schweigend rappelten sie sich auf und waren sich einig, dass dieses Abenteuer nun nicht gleich als Erstes erzählt werden müsse, außer man wüsste nichts anderes.

So zogen sie etliche Tage weiter, bis sie zu einem wirklich großen See kamen. Der Seehas erkannte ihn sofort: »Das ist der Bodensee.« Und er wusste auch zu erzählen, dass ein gefährliches Ungeheuer an seinen Ufern hauste. Hei, das war nun mal ein Abenteuer für sie. Und während sie sich ausmalten, wie sie das Ungeheuer bekämpfen und erlegen wollten, führte sie ihr Weg durch ein Feld.

Da saß ein Hase in der Sonne und schlief, streckte die Ohren in die Höhe und hatte die großen Augen starr auf stehen.

Als sie das grausam wilde Tier sahen, erschraken sie zutiefst. Fliehen war nicht mehr möglich, da waren sie sich einig, denn dann würde das Ungeheuer ihnen nachsetzen und verschlänge sie mit Haut und Haaren. Also sprachen sie untereinander: »Wir müssen einen großen und gefährlichen Kampf bestehen.« Als sie aber die Schlachtordnung besprechen wollten, kam Unruhe auf.

Der Allgäuer sagte, er sei bisher immer vorne gegangen, nun wolle er als Letzter gehen. Der Jergli, der Blitzschwab, solle an seiner statt gehen.

»Potz Blitz«, sagte der, »Kuraschi[57] hab i genueg im Leib, aber nit Leib genueg für die Kuraschi und das Ungeheuer.«

So stritten sie eine Weile, bis sie sich doch friedlich einigten, den Spieß aufnahmen und vorsichtig einen Schritt auf den schlafenden Hasen zu machten.

Der Veitli, der Gelbfüßler, der den letzten Platz am Spieß erobert hatte und sich dort sicher fühlte, schrie:

> *»Stoßt zue in aller Schwabe Name,*
> *sonst wünsch i, dass ihr mögt erlahme.«*

Aber der Hans, der Knöpfleschwab, spottete über den Veitli und seinen Mut:

> *»Beim Element, du hascht guat schwätze,*
> *bischt stets der Letscht beim Drachehetze.«*

Der Michel, der Spiegelschwab, wischte sich
vor Angst noch mal die Nase am Ärmel ab und rief:

> *»Es wird nit fehla um ein Haar,*
> *so ischt es wohl der Teufel gar.«*

Der Jergli sah die Angst in Michels Gesicht und stimmte ihm bei:

> *»Potz Blitz! Ischt er es nit, so ischt's sei Muter*
> *oder gar des Teufels Stiefbruder.«*

Inzwischen wurde es Marli, dem Nestelschwab, immer ungemütlicher an seinem Platz so weit vorne am Spieß. Er zog seine Hose mit einer Hand ein wenig höher und rief dem Veitli zu:

>*Gang Veitli, gang, gang du voran,*
i will dahinte vor di stahn.«

Der Gelbfüßler aber tat, als hörte er nichts, worauf der Marli zum Jackli, der sich gern auch etwas weiter hinten eingereiht hätte, sagte:

>*Gang Jackli, gang, gang du voran!*
Du hast doch Sporn und Stiefel an,
dass dich der Drach' nit beiße kann!«

Doch der Seehas winkte ab. Der Allgäuer hatte schon immer an der Spitze gestanden, und so solle es auch bleiben:

>*Herr Schulz, der muss der Erschte sein,*
denn ihm gebührt die Ehr' allein.«

Da nahm sich Herr Schulz ein Herz und sprach würdevoll:

>*So zieht denn herzhaft in den Streit,*
hieran erkennt man tapfre Leut.«

Und so ging es mit gewaltigen Schritten und eilends auf das Ungeheuer zu. Als der Feind immer näher kam, pumperte dem Allgäuer das Herz gewaltig und er schrie in seiner Angst:

>*Hau, hurlehau! Hau! Hauhau, hurlehau!*«

Von dem Geschrei erwachte der Hase, erschrak und sprang querfeldein davon. Da rief der Allgäuer Schulz voller Freude:

>*Potz Blitz, lueg, lueg, was isch das?*
Das Ungeheuer ischt a Has!«

»Habt ihr das gesehen«, rief nun der Knöpfleschwab Hans aufgeregt, »ein Has wie ein Kalb, fast wie ein Ochs so groß!«

Da fluchte der Blitzschwab: »Potz Blitz! Mit Verlaub! Dass dich das Mäusle beißt! Ein Tier wie ein Mastochs.«

»Oho«, ließ sich da der Spiegelschwab Michel vernehmen, »ein Elifant ist nur ein' Katz gegen dieses Untier!«

»Aber, aber«, sagte da der Allgäuer Schulz, »wenn das kein Has gewesen ist, so weiß ich keinen Weißherbst[58] vom Rachenputzer[59] zu unterscheiden.«

»Has hin, Has her!«, sagte da der Seehas versöhnlich, »ein Seehas ist halt größer und grimmiger als alle Hasen im Heiligen Römischen Reich.«

»Wie der Seewein saurer und herber ist als alle Weine im Heiligen Römischen Reich«, spottete der Gelbfüßler. Fast hätte der Seehas ihm dafür ein paar Watschen verpasst, denn er fühlte sich in seinem Heimatstolz verletzt. Aber da war schon der Knöpfleschwab zur Stelle und sagte: »So ein Abenteuer macht doch arg hungrig!«

So zündeten sie ein Feuer an, und bald saßen sie friedlich vor einer dampfenden Schüssel mit geschmälzten[60] Knöpfle und Spätzle. Noch einmal zählten sie sich gegenseitig ausführlich alle erlebten Taten auf und drehten sie hin und her, und je mehr sie erzählten, desto bedrohlicher klangen die überstandenen Gefahren.

Nachdem sie sich also wieder und wieder versichert hatten, wie gut sie die Abenteuer überstanden hätten, beschlossen sie, es damit bewenden zu lassen und wieder friedlich heimzuziehen und sich der verdienten Ruhe hinzugeben.

Wort- und Sacherklärungen

1 Leu – veraltetes Wort für Löwe
2 Altan – balkonartiger An- oder Ausbau
3 Kreuzzug – religiöser Kriegszug in den Vorderen Orient
4 Greif – geflügeltes Fabeltier, wurde häufig als Wappentier verwendet
5 Lindwurm – einem Drachen ähnliches, flügelloses Fabelwesen
6 Getön – hier: anhaltender Jubel
7 blenden – Augen ausstechen, eine schreckliche Strafe im Mittelalter
8 hörnern – Drachenblut überzieht die Haut mit einem hornartigen Schutz
9 Recke – kampferprobter Held
10 das Leben verwirken – sein Leben durch eigene Schuld verlieren
11 Lehnsmann – Untergebener, der Treue gelobt und dafür Grundbesitz erhält
12 Klafter – ungefähre Länge, die ein Erwachsener mit den Armen ausstreckt
13 Sonnenwende – der Tag, an dem die Sonne im Sommer am höchsten und im Winter am niedrigsten steht
14 Jarl – Heerführer oder Adliger
15 Jul – germanisches Fest zur Wintersonnenwende
16 Gemme von Opal – Schmuckstein mit eingeschnitztem Bild
17 Landvogt oder Vogt – ein vom König eingesetzter Verwalter
18 Köcher – Behälter für Pfeile
19 Wams – ärmellose Weste
20 Nachen – kleines Ruderboot
21 Hüne – besonders großer und starker Mann
22 Herold – Ausrufer, auch königlicher Bote
23 Scherge – Handlanger
24 Tafel – Im Mittelalter wurde über zwei Gestelle ein Brett gelegt, das war dann der Tisch, an dem gegessen wurde. Nach dem Essen wurde das Brett wieder weggeräumt. Heute spricht man von einer Tafel, wenn der Tisch besonders festlich gedeckt ist. Daher kommt auch der Begriff »Die Tafel aufheben«, wenn man mit dem Essen fertig ist.
25 beinern – aus Knochen gemacht
26 Jüngster Tag – allerletzter Tag; in der Religion der Tag des Gerichts beim Weltuntergang
27 Rahe – waagerechte Stange am Mast

28 Geschmeide – Schmuck
29 schürzen – hoch- oder zusammenraffen
30 tugendhaft – untadelig, vorbildlich
31 Regent – regierender, gekrönter Herrscher
32 Vasall – Gefolgsmann
33 Bückling – hier: übertriebene, sehr tiefe Verbeugung
34 Kleinod – kostbares Schmuckstück
35 inkognito – unerkannt
36 Bramarbas – Angeber, Aufschneider
37 irden – aus gebranntem Ton
38 Alchemie – ein alter Zweig der Naturphilosophie, aus dem u. a. die moderne Chemie hervorging. Im Mittelalter versuchten Alchemisten Gold herzustellen, was aber natürlich nicht gelang.
39 Kurpfuscher – jemand, der ohne Ausbildung Kranke behandelt
40 schwarze Magie – beschäftigt sich mit der Beschwörung böser Geister
41 Foliant – unhandlich übergroßes, altes Buch
42 »Apage« – kommt aus dem Altgriechischen und heißt: »Scher dich hinweg!«
43 Kontrakt – Vertrag
44 Dutzend – ein Dutzend sind 12 Stück; hier: 12 Jahre
45 Schwarzkünstler – jemand, der sich mit Zauberei und schwarzer Magie befasst
46 Gnom – Zwerg oder auch Kobold
47 Verlies – unterirdische, schwer zugängliche Gefängniszelle
48 Geschlecht – Sippe über mehrere Generationen hinweg
49 Der Böse – so wird auch der Teufel genannt
50 ausstaffieren – herausputzen
51 Dotation – Schenkung
52 Gosche – Mundwerk
53 Nestel – Band, Schnur
54 Knöpfle – dicke, kurze Spätzle
55 Heumonat – Juli, der Monat, in dem Heu gemacht wird
56 Pilgrimsleut – Pilger
57 Kuraschi – schwäbische Form des französischen Worts »Courage« – Mut, Entschlossenheit
58 Weißherbst – Bodenseewein
59 Rachenputzer – scharfer Schnaps
60 geschmälzt – mit flüssiger Butter übergossen

Quellenverzeichnis

Börries Freiherr von Münchhausen, Die Lederhosen-Saga,
aus: Das Balladenbuch, © 1924 Deutsche Verlags-Anstalt, München,
in der Verlagsgruppe Random House GmbH

Johannes Carstensen: Sigfrid und Kriemhild; Robin Hood,
aus: Das große Sagenbuch, © 1996 Diogenes Verlag AG, Zürich

Otfried Preußler: Bloß eine Unterschrift, aus: Zwölfe hat's geschlagen,
© 1988 by Thienemann Verlag (Thienemann Verlag GmbH), Stuttgart – Wien

Waldtraut Lewin, Wieland der Schmied, aus: Deutsche Heldensagen,
© 2006 Loewe Verlag GmbH, Bindlach

Textbearbeitung der Sagen von Brüder Grimm, Ludwig Bechstein,
Adalbert von Chamisso, Volkssagen, © Gerlinde Wiencirz

Bibliografische Information der Deutschen Bibliothek

Die Deutsche Bibliothek verzeichnet diese Publikation in
der Deutschen Nationalbibliografie;
detaillierte bibliografische Daten sind im Internet
über http://dnb.ddb.de abrufbar.

© 2009 arsEdition GmbH, München
Alle Rechte vorbehalten
Herausgeberin und Textbearbeitung: Gerlinde Wiencirz
Illustrationen: Peter Friedl
Gestaltung: Janina Michna, München
ISBN 978-3-7607-2789-9

www.arsedition.de